三訂 **はじめて学ぶ社会福祉**

小野澤昇・島田　肇　編著

五十嵐覚・市川太郎・大屋陽祐・髙橋雅人・坪井　真
遠田康人・藤野好美・矢野洋子・吉野真弓　共著

建帛社
KENPAKUSHA

はしがき

　わが国に「社会福祉」という用語が初めて登場したのは，1946（昭和21）年に制定された「日本国憲法」においてです。第25条で，「すべて国民は，健康で文化的な最低限度の生活を営む権利を有する。②国は，すべての生活部面について，社会福祉，社会保障及び公衆衛生の向上及び増進に努めなければならない」と規定されています。このように「日本国憲法」に社会福祉という用語が示されて以来，「社会福祉」という用語は法律用語だけではなく，私たちの日常生活においても身近な用語として使用されるようになりました。

　社会福祉（social welfare）の「社会」という言葉は，人間同士の関わり方や連帯性を表し，「福祉」という言葉は，幸福，福利，安寧，公安，救護を意味し，望ましい状態に変える，といった内容を含んでいるともいわれています。近年，福祉という言葉は国際的には"well-being"という用語が多く用いられるようになってきましたが，社会福祉の意味は，「共同体に集う人々が助け合い，連帯して幸せな生活を追求し，守る」ということであり，社会福祉を支える基本原理として「人間尊重の理念」があります。

　人間尊重の理念の第1は「基本的人権の尊重」です。社会福祉を推進する上では，利用者一人ひとりを個別にとらえる必要があり，「日本国憲法」では個人の尊重がうたわれています。

　第2は，「ノーマライゼーション」の思想です。地域で，障害のある人や高齢者など，誰もが地域で分け隔てのない対等の生活を維持する，すなわち普通の生活を営むことを当然とする福祉の基本的な考え方です。

　第3は，個人としての「自立」です。社会福祉の目的の1つは，個人が可能な限り「自立」を獲得することにあります。自立の原則は，自己決定と自己実現を利用者が獲得することにありますが，人間らしい生き方の選択は，利用者自らの選択にあります。

　第4は，「参加と連帯」です。人間は異質な人たち同士の集まりにおいて生活しています。地域社会でみんながノーマルに生活するということは，異質な者同士がその違いを認め合って共生することです。

　この4つの社会福祉を支える原理は，相互に支え合う概念であり，これらがそろうことで，初めて社会福祉が目指している基本的人権が保障され，ノーマ

ルで誰しもが安心して生活できる社会の実現が可能となると解されます。

　本書は2014（平成26）年に初版発行後，児童福祉法の改正や「保育所保育指針」「幼稚園教育要領」「幼保連携型認定こども園教育・保育要領」の新たな告示とともに，「指定保育士養成施設の指定及び運営の基準について」の改正が行われ，「社会福祉」の教授内容の一部が改められたことを受け，「改訂版」を発行し，2022（令和４）年には法改正等に対応して「改訂第２版」を発行しました。そして，2023（令和５）年のこども家庭庁の設立や少子高齢化の進行等にともなう様々な法改正への対応や統計・調査のデータ更新等を行う必要性が生じ，新たな執筆者も迎えてこのたび「三訂版」を刊行する次第です。

　本書のタイトルを『はじめて学ぶ社会福祉』と題したのは，社会福祉を実践する保育士等の養成校の学びの中で，最初に理解してほしい教科目が「社会福祉」だからです。その学びを学生の方々に理解していただくため，できるだけ平易な文章にしようと著者同士での話し合いで作成しました。しかし，法律や専門用語等，どうしても平易に解説できない部分もあります。そこで各章に，アウトラインとして「要点」と「キーワード」を設けました。これらを参考にして学びを深めていただきたいと願っています。そして，保育を始めとした福祉や医療，教育など人と関わる現場における実践では「福祉の心」が欠如しては成り立たないということを十分理解してください。

　2024年４月

著者を代表して　　小 野 澤　昇

● も く じ ●

第1章 社会福祉とは

●● アウトライン ●●

1．「社会福祉」とはどのようなことか―社会福祉の理念―

要 点

◎社会福祉には，「社会が幸せであること」という意味と，「社会生活が困難な状況の人たちへの社会的な支援・援助」という意味がある。

◎日本国憲法により「基本的人権」として個人の権利が保障されているが，「公共の福祉」に反しないよう，他者の権利を侵害しないための制限が設けられている。

キーワード

幸福　welfare　日本国憲法　基本的人権　生存権の保障　自立　公共の福祉

2．社会福祉の基盤となる人権

要 点

◎人間の尊厳，自己決定権を行使するために生まれながらにしてもっている社会的・政治的・経済的な自由など，基本的かつ普遍的な権利のことを「人権」といい，国が憲法によって保障している権利を「基本的人権」という。

キーワード

基本的人権　人間の尊厳　世界人権宣言　法の下の平等　永久不可侵の権利

3．人の生活と社会福祉

要 点

◎個人の力では防げない社会的要因による生活不安（生活苦）のおそれは，我々が生活する周辺のいたるところに存在する。社会福祉は，そうした生活不安を抱える人が自立し，生きがいを感じ，豊かに生活できる社会の実現を目指している。

キーワード

生活不安の要因　最低限度の生活　社会的安定　社会の均衡　社会保障　SDGs

4．社会福祉を取り巻く現状

要 点

◎人の一生のうち，誰もがライフサイクルのどこかで生活がwell-beingでなくなり，社会福祉を必要とする可能性がある。

◎ノーマライゼーションは「障害の有無に関係なく，すべての人が人間らしく生きられる社会へと変えていこうとする理念」である。そのためにQOLの向上が求められ，社会福祉を実現するための具体的な制度や施策の展開が必要となる。

キーワード

ライフサイクル　平均寿命　well-being　ノーマライゼーション　社会福祉制度

1. 「社会福祉」とはどのようなことか―社会福祉の理念―

（1）社会福祉とは

　「福祉」の「福」と「祉」にはともに幸せの意味があり，「福祉」は「幸せ」「幸福」を意味する。さらに，「福祉」という言葉の背景には幸福を追求するための社会的な方策や努力が必要であり，それを「社会福祉」という。

　「社会福祉」は多義的な概念であるが，社会の幸せ，すなわち社会を構成するすべての人が幸せであるということを意味し，「みんな（社会）が幸せ（福祉）になるための取り組み」であり，実現するために追求するべき理想や目標が含まれることが多い。しかしながら，自らの能力や努力，身体的・精神的・環境的な要因などによって幸福な生活を実現できる者もいれば，実現できない者もいる。「社会福祉」は，すべての人々それぞれの自己実現と快適・幸福な暮らしを社会全体が支えていくことを理念としている。

　実際に「社会福祉」という言葉は，幸福を実現するために，自分では解決が難しい困難な状況にある社会を構成するすべての人に対して行われる国の制度や政策，社会的な支援や援助のためのサービスという意味で用いられる。

　社会福祉には，「社会が幸せであること」という意味と，「低所得や疾病・障害・高齢等のため自分の力だけでは解決が難しくなり，社会生活が困難な状況となり社会的に立場が弱くなっている人たちに対して行われる社会的な支援・援助」という意味がある。後者の意味の社会福祉では，生きる権利・生存権を守るために，主に政府が主体となって税などを通じて国民の所得を再分配し，社会的に弱い立場におかれた人に支援を行うなどの取り組みを行い，最低限度の生活を保障している。

　福祉は英語では「welfare」と言う用語が使われている。「welfare」は「well」と「fare」が１つになった用語で「well」には「裕福に」とか，「順調に」などの意味があり，「fare」には「やっていく」，「暮らしていく」などの意味がある。「社会福祉」は「social welfare」という用語が使用され，人々の暮らしを豊かにするための社会の努力や，そのための政策や制度，実践が含まれている。

―――――― ■■□コラム■■□ ――――――

幸福度指数

　「世界幸福度報告書（World Happiness Report）」は，国連持続可能性開発ソリューションネットワーク（SDSN）が「国際幸福デー」（3月20日）に，毎年発行する報告書で，国ごとに幸福度を評価し，世界中の国々を比較する指標を提供している。幸福度の評価は，各国の約1,000人に「最近の自分の生活にどれくらい満足しているか」を，社会的支援，収入，健康な生活，自由度，寛容さ，腐敗の程度の6つの項目について回答してもらい，過去3年間の平均にも基づいて，国ごとの世界幸福度指数（World Happiness Index）と呼ばれる総合的な指標が算出され，幸福度のランク付けが作成される。

　2023年度版の「世界幸福度報告書」では，日本の幸福度指数（Happiness Score）は137か国中47位で，主要7か国（G7）では最下位だった。日本と上位国との比較では，健康寿命では日本が上回り，1人あたりGDPに上位と大差はないが，人生の選択の自由度や寛容さに課題のあることが示された。

　「世界幸福度報告書」は，幸福度の向上に向けた具体的な政策提言や，社会的な課題の把握に役立つデータを提供しており，政府や政策立案者，研究者，NGOなど，さまざまな利害関係者にとって有用な情報源となっている。

（資料）国際連合：世界幸福度報告書（World Happiness Report），2023

（2）日本国憲法と社会福祉

　社会福祉は，「基本的人権の尊重」「生存権の保障」「参加と連帯」「自立」，「ノーマライゼーション」等を基本理念として成り立っている。

　社会福祉という言葉がわが国で用いられるようになったのは，第二次世界大戦後のことであり，昭和21（1946）年11月3日に公布された「日本国憲法（以下，憲法）」第25条に「国民の権利及び義務」として示された「生存権，国の社会的使命」に基づく。「憲法」第25条には，「すべて国民は，健康で文化的な最低限度の生活を営む権利を有する。②国は，すべての生活部面について，社会福祉，社会保障及び公衆衛生の向上及び増進に努めなければならない」として国民の生存権と生活保障に関する国の積極的な役割が明記されている。

　「憲法」第11条では，「国民は，すべての基本的人権の享有を妨げられない。この憲法が国民に保障する基本的人権は，侵すことのできない永久の権利として，現在及び将来の国民に与へられる」とし，「自由権」「社会権」「参政権」「平等権」「請求権」の５種の権利が示されているが，「環境権」を含めるべきという意見もある。

　「憲法」第13条では，「すべて国民は，個人として尊重される。生命，自由及び幸福追求に対する国民の権利については，公共の福祉に反しない限り，立法その他の国政の上で，最大の尊重を必要とする」とし，国民が個人として尊重されるとともに，国民の権利は公共の福祉に反しない限り，国家によって保障され，個人の尊厳が守られることが示されている。

　この第13条で用いられている「公共の福祉」とは，個人の個別的な利益だけではなく，個人個別的な利益を制約する機能をもつ公共的利益，あるいは社会全体の利益のことであり，公共とは社会一般のことを指している。社会とは，人間関係であるということを考えると，他の人に迷惑になるようなことをしてはいけないということは想像できるだろう。個性尊重を標榜するあまり，何をしても自由であると，自分のことのみを考える人（自己中心者）が出てきた場合にどうするか，人権の問題として考えなければいけないことであり，当然ながら自由には責任が伴うことを理解する必要がある。

　私たちはこうした権利や自由をもとに幸福な生活を求めているが，その姿は多様である。例えば，家族の中で病気や事故などのため親や配偶者等家族の一員を失うことや，住まいや，教育・教養の程度，職業の選択などにも違いがある。私たちはそうした環境のもとで多様な人間関係を構築し，その関係を背景として自身の個性をもち，個性を大切にして自分の生活を追求している。人間の幸福には，そこに原点があると考えることができる。

　生活を追求する過程で年齢が若過ぎるとか，仕事に関する能力が不足するとか，または扶養をしてもらう関係がないといった場合など，自分自身の力だけでは生活することが困難な場合の生じるときがある。そうしたときに生活を幸福にする手段・方法として，第三者の立場からの支援や援助関係としての社会福祉が必要となる。社会福祉の対象になったからといって，人間は，自分の個

性の成長・発展を阻害されることなく，人権が尊重されなければならない。

２．社会福祉の基盤となる人権

（1）人 権 と は

　人間の尊厳や自己決定権を行使するために生まれながらにしてもっている社会的・政治的・経済的な自由や，尊厳や平等の原則など，基本的かつ普遍的な権利のことを「人権」という。

　「人権」は誰もが人間であるというだけでもつことができる普遍的かつ不可侵なもので，国籍や人種，性別，言語，宗教，政治的見解，またはその他の地位や属性によって制限されることのない「人間の尊厳」に基づく人間固有の権利であり，法律，習慣，文化，倫理，および道徳的原則に基づいて定義され，保護されており，生命，安全，尊厳，平等，公正，表現の自由，思想や信教，表現の自由，教育，労働，社会的保障，文化的自己決定権，環境権，健康，家族生活，個人のプライバシー，法の下での平等な扱いなどが含まれる。

　人権は，すべての人が平等に享受することができる基本的な権利である。人々が生存と自由を確保し，それぞれの幸福を追求するための権利であり，人権の尊重が，すべての国々の政府とすべての人々の行動基準となるよう期待されている。国際連合において1948（昭和23）年に「世界人権宣言」が採択され，その後，1966（昭和41）年には国際的に拘束力をもつ「国際人権規約」が総会で採択された。国際人権規約では，人間のもつべき権利には生活や生命を保障されるなど，他の者から何かをしてもらう権利（受動的権利）と，自らの意見を述べたり，表現したりすること，思想信条の自由など，自らの意志によって行動する権利（能動的権利）という側面があることを説明している。日本は1979（昭和54）年に「国際人権規約」を批准している。

（2）基本的人権

　人間の権利には，単純な法律上の権利と，国の基本法である「憲法」によって保障された権利があるが，国が「憲法」によって保障している権利を"基本

的人権"とよぶ。基本的人権は，次のような特徴を有している。

① すべての人間に普遍的に保障された権利であり，一部の国の，一部の国民だけに保障された権利ではない（普遍性）。

② 人間が生まれながらにもつ（享有）人間に固有のものであり，したがって，誰からも侵されることのない不可侵の権利である（固有性）。

③ 現在のみならず将来の人間すべてに，等しく与えられた永久の権利である（永久性）。

基本的人権とは，生まれながらにして人間がもつ権利のことで，国籍，人種，性別，年齢，障害の有無，宗教や思想，社会的身分などに関係なく，すべての人間がもつ普遍的な権利とされており，国際的な法規や国内法によって保障されている。国際的な規範となる国連人権委員会が定める基本的人権には以下のような権利が示されている。

生命・自由の権利　　平等の権利　　言論・信仰の自由　　人身の自由
プライバシーの権利　　社会保障の権利　　労働の権利　　文化的な権利
教育の権利　　女性の権利

国内法としては「憲法」第11条から第40条において「基本的人権」の保障が明記されている。国民に保障する基本的人権は，すべての国民が生まれながらに享有する永久不可侵の権利であり，基本的人権を保障するためには，結婚の自由や居住および移転の自由，教育の機会均等の保障，職業選択の自由等が不可欠である。人は，このような権利や自由が保障されて初めて，人間としての最低限度の生活が確保できるということであり，このことが人権保障であると同時に社会福祉の原点であり基盤であると考えられる。

3．人の生活と社会福祉

（1）人の生活における社会福祉の意義

社会福祉は，わが身に困難が降りかからなければ，「生活に困窮している人などに対して金品や物質的な支援や援助や，精神的な慰めや励ましを行うも

の」であって，「自分とは何の関わりのないこと」，あるいは「他人ごと」としてとらえられてしまうかもしれない。しかし現実には，私たちの日常生活の周囲には，いたるところに生活不安の要因は存在している。これらの生活不安（生活苦）の要因は，個人の力では防ぐことのできない社会的要因によるものであり，私たちの日常生活に大きな影響を与えている場合が多い。今日の社会の中で私たちは，個人の能力や努力とは無関係に，常に正常な社会生活から脱落する危険性を有している。これに対しわが国では，「憲法」第25条において，すべての国民に健康で文化的な最低限度の生活を営む権利が保障されているが，具現化するための社会的諸施策の1つが，社会福祉といえる。

　社会福祉は，個人や家族，地域社会や学校，職場などのコミュニティーにおいて生じるさまざまな問題や困難に対して，国や地方自治体などの公的な組織が提供する支援や民間団体が支援することで，人々の生活を改善し，人々が健康的で幸福な生活を送るために必要な支援を提供し，社会の福祉を増進するための活動やサービスのことである。

　社会福祉は経済的な困窮などにより社会的に孤立している人々に対して，生活に必要な物資やサービス等を提供し，生活の質の向上を促進し，自分たちの能力や資源を最大限に活用し，人間らしい自立した生活の保障や生活を改善するために行われるさまざまな活動や政策，必要とされる生活に必要なニーズや権利を確保するための活動や政策を指している。社会福祉の役割を果たすためには，国や地方自治体などが社会的な問題や課題に対し，常に適切な対策を講じることが求められる。社会福祉の意義としては，以下のような点がある。

① 社会的正義の実現：社会福祉は，経済的・社会的弱者を支援し，平等な機会を提供することで，社会的正義を実現する役割を担っている。

② 生活の質の向上：社会福祉は，人々の生活の質を向上させることを目的としており，支援を必要とする人々が，健康な生活を送り，自己実現や社会参加を促進することが重要である。

③ 社会的安定の確保：社会福祉は，社会的弱者や困窮者の生活を改善することで，社会的な不平等や不安定要因を減少させ，社会全体の安定を確保する役割を担っている。

④　国の発展：社会福祉は，国の発展にも重要な役割を果たしている。健康
　　な国民の増加や人材の育成など，さまざまな面で国の発展に貢献できる。

（2）社会福祉の役割

　社会福祉は貧困や病気，障害，高齢，失業，家庭内暴力などのため，社会的
に弱い立場におかれ支援を必要とする人たちに対し，生活の安定や健康，教
育，労働などに関する支援や福祉サービスの提供や社会保障の確保などを通し
て，誰もが生きがいを感じて自立した豊かな生活を送ることが可能となる社会
の実現を目指しており，次に示すような役割がある。

①　社会的弱者の支援：高齢者，身体障害者，児童，貧困層など，社会的に
　　不利な立場にある人々の生活支援や社会参加の促進を行う。

②　社会の均衡の促進：社会全体の不平等や格差を是正し，貧富の差や地域
　　間格差などを縮小する。

③　福祉サービスの提供：医療・介護，保育・教育，雇用・就労支援などに
　　関する福祉サービスの提供。

④　社会保障の確保：社会保険や年金制度などに関する社会保障制度を整備
　　し，個人の生活を保障する。

⑤　社会的責任の履行：社会全体の福祉に対する責任を果たし，社会的な課
　　題に取り組む。

　社会福祉の役割は，社会全体の福祉と幸福を促進することにある。社会的に
不利な立場（弱い立場）におかれている人々に対して経済的，身体的，心理
的，社会的な支援や福祉サービスの提供，社会保障の確保などを通じて，自分
たちの能力や社会資源を最大限に活用し，自立した生活の実現を目的としてお
り，社会的な平等や人間らしい生活を送るための条件を整え，誰もが生きがい
を感じられ，より豊かな生活を送ることが可能となる社会の実現を目指している。

　2015年の国際連合サミットにおいて「誰一人取り残さない（leave no one
behind）」持続可能でよりよい社会の実現を目指す世界共通の目標として合意
された，「持続可能な開発のための2030アジェンダ」の中で持続可能で多様性
と包摂性のある社会の実現を目指して掲げられた17の国際目標（ゴール）の中

図1－1　持続可能な開発目標（SDGs）に掲げられた国際目標（ゴール）の例
（出典）国際連合広報センターwebサイト

には貧困や飢餓の撲滅，健康と福祉や質の高い教育の確保などについての目標が掲げられており（図1－1），社会福祉の重要性が示されているといえる。

4．社会福祉を取り巻く現状

（1）私たちの生活周期（ライフサイクル）と福祉

　社会福祉や社会保障制度の充実を形容する言葉として，第二次大戦後，イギリス労働党の掲げたスローガンに，「from the cradle to the grave（ゆりかごから墓場まで）」という言葉がある。この言葉には，「人の一生（生涯）において，人の個性の形成が順調であってもすべてが順調であるとはいえない。一生のうちにはよいことも悪いことも含め，さまざまな変化を体験する。その変化の時期には，個人の力だけでは解決できず，社会的な援助を必要とすることがある」ということを意味している。

　人は多くの場合，年齢の変化とともにさまざまの変化と出会うことになる。この年齢の変化は，一般的には図1－2に示すような年齢（世代）によって区分され，それぞれの年齢区分の特徴に応じて必要とされる教育や福祉，健康維持などに関する各種の社会的な援助の仕組みがつくられている。

　厚生労働省の「令和4年簡易生命表」では，日本人の平均寿命は，男子で81.05歳，女子で87.09歳である。図1－2で人の一生を大まかに子ども期（乳幼児期，少年期，青年期の一部），成人期（青年期の一部と成人期），高齢期に分類しているが，私たちが安心して生活の維持ができるよう，それぞれの年齢段階に必要とされる教育や医療，社会保障，福祉などに関するさまざまな支援の仕組みが形成されている。

乳幼児期	乳幼児期の個性の形成は，主として，親や近隣の友だちという直接の人間関係によってつくられる。特に，子どもと両親の人間関係は，この時期の人間形成に非常に大きく影響する。特に**母子関係が重要視**される。
⇩	
少年期	少年期は，これまでの主として親という直接の人間関係から離れ，初めて学校という組織の中で，新しく**外部的な接触**を受ける時期である。
⇩	
青年期	青年期は，一般的には青少年時代といわれている。 少年と成年との**端境期**（はざかいき）であり，**人間関係において最も変化の多い時期**。親から離れ，高校・大学に進まない場合には職業の道に就き，人間の個性完成の最終段階にある大切な時期。
⇩	
成人期	一般的には満18歳で成年と言われる時期。民法が改正され2022（令和4）年4月1日から成人年齢が18歳に変わった。 社会的には選挙権をもち，いわゆる**社会人**と呼ばれる。
⇩	
高齢期	高齢期は一般的に65歳過ぎの時期で，定年退職等による離職や子どもの独立・自立を迎える時期である。親としてもしばしば配偶者を失うことがある。

図1-2　人の年齢区分と特徴

（2）人間の幸福と社会の福祉

　幸福と福祉を区別するのには意味がある。幸福とは，個人の立場からのものであり，客観的な条件はあるにしても，個人の考え方や受け止め方が大きく影響する主観的な要素が強い。一方で福祉は，相互の立場によるものであり，客観的な要素が強く，福祉の対策には，一定の基準が存在する。

　人間の幸福は，世代が移り変わるたびに経験する生活過程の変化に際し，対応することのできる生活内容を有するかどうかによって受け止め方が変わってくるものと考えられる。もちろん，人間の幸福には，生活の豊かさや経済的な安定，身分や地位の安定度合いなどの客観的な条件が問われるが，自分の個性に適した生活の条件を整えることが基本となる。

　幸福は，自らが造るもので，英語ではhappinessやwelfareという。社会福祉では，健康・快適な生活などを含めた意味での幸福を表す用語としてwelfareが用いられているが，最近では，well-being（良好な状態）が用いられることがある。しかし私たちは病気や失業，障害，高齢などのため，今ある生活が必ずしもwell-being でなくなることがある。このような場合，個人としては，預貯金や他の財産がある人はそれらを生活費に充当するなどといった個人的な

努力を行い，生活を営むことになるが，それには限界がある。仮に預貯金や他の財産のない人はどうしたらよいのだろうか。

　高齢や障害，病気などのため生活が困難となったとき，個人や家族の成員内で解決を試みて努力した結果，さまざまな点で無理が生じ，新たな問題を引き起こす可能性がある。こうしたときに必要になってくるのが社会福祉である。社会福祉はこうして生じる問題に対し，社会的な努力や方策で解決することを目的とした取り組みである。

（3）ノーマライゼーションの思想とQOLへの取り組み

1）ノーマライゼーションの思想

　20世紀前半，障害のある人たちには基本的な人権が保障されておらず，処遇は極めて劣悪な環境下におかれた。ノーマライゼーションは施設に隔離収容され，人間らしい生活が保障されていない障害のある人たちの生活を目の当たりにし，余りにも非人間的な生活環境を変えるためにバンク・ミケルセンの提唱した理念である。ノーマライゼーションとは，「障害の有無に関係なく，すべての人が人間らしく生きる権利，住みたい地域，生まれ育った地域での生活とその諸条件等を，同じ市民として保障される社会へと変えていこうとする社会変革の理念」であり，「障害のある人が普通の社会生活を送ることができるように障害のない者に近づけていくことを意図しているのではなく，障害のある人が普通の生活を営むことができるよう，周囲の環境を変えていこう」という考えである。北欧を発端とするノーマライゼーションの理念の提唱を受け，国際的に障害のある人の権利保障や処遇改善等に向けた国際的な取り組みが展開され，各国の障害者福祉の発展と向上に大きく貢献し，障害者福祉はもとより世界の社会福祉の最も基礎的な理念として深化・定着することとなった。

2）QOLへの取り組み

　クオリティ・オブ・ライフ（QOL）は「生命の質」，「生活の質」，「人生の質」などと訳されることが多い。QOLは1960年代のヨーロッパで，生活や心の豊かさを目指す考えとして提唱されたが，1980年代以降になって主に末期癌の治療において，治療偏重の医療からの転換を目指す考え方として使用され

た。その後，高齢者や障害者福祉の医療や福祉の分野において，「病気や障害のある方達が，人として生きていくための個々人の生活や人生の目標」を示す言葉として用いられるようになった。

　QOLは個々人の個別的な生き方にかかわる課題であり，福祉サービスの利用者自身がQOLの意義を自覚し，主体的に取り組むことが求められる。福祉サービスの利用者に対し，QOLを意識した福祉サービスを提供していくためには，「例え障害があってもできる限り自分のことは自分で行い，また自分の生き方は自分で決める」（自立と自律）ことや，「できる限り自分に合った活動を行い，また親しい人や社会との交流を続ける」，「福祉サービス利用者個々の個性を尊重するとともに，多様な選択を可能にする」などの配慮が望まれる。

（4）社会福祉と社会保障

　前述したように，「憲法」第25条には国民の生存権と生活保障に関する国の取り組むべき責務が示されている。1950（昭和25）年に示された社会保障制度審議会「社会保障制度に関する勧告」において，社会福祉と社会保障の関係について「社会保障制度とは，疾病，負傷，分娩，廃疾，死亡，老齢，失業，多子その他困窮の原因に対し，保険的方法又は直接公の負担において経済保障の途を講じ，生活困窮に陥った者に対しては，国家扶助によって最低限度の生活を保障するとともに，公衆衛生及び社会福祉の向上を図り，もってすべての国民が文化的社会の成員たるに値する生活を営むことができるようにすることをいうのである」とし，社会福祉については「社会福祉とは，国家扶助の適用を受けている者，身体障害者，児童，その他援護育成を要する者が，自立してその能力を発揮できるよう，必要な生活指導，更生補導，その他の援護育成を行うことをいうのである」としている。これは「社会福祉」の意味に，生活関連の公共施策を総称する広義のものと，自立が困難な人々への施策とする狭義のものに分かれてきたことが理解できる。

　広義の意味での社会福祉は，生活関連の公共施策を総称するものであり，すべての人が対象となるが，狭義の社会福祉の場合には，自立が困難な人々への施策が対象となり，自分の力だけでは生活の維持などが難しい状況に置かれて

いる高齢者や障害者，児童，母子家庭・父子家庭（ひとり親家庭），寡婦，女性（婦人），さらに低所得者や生計困難者など，社会的に立場の弱い人たちが支援や援助の対象となる。

　社会保険では，保険料の負担に基づいて給付が行われるが，社会福祉では保険料の負担なしに金銭的な支援や福祉サービスの提供が行われる。

（5）社会福祉制度とは

　社会福祉制度とは，社会福祉を実現するための具体的な制度や施策のことを意味するが，単に社会福祉という場合にも社会福祉制度を意味することもある。

　日本では，社会福祉は社会保障制度の1つの取り組みであり，社会保険や公的扶助（生活保護）を含まないものとされており，通常は社会保険に当たる国民年金や厚生年金保険による老齢年金や障害者年金などは含まれないが，社会保険を含めて社会福祉制度と称する場合もある。

　社会福祉制度では，高齢者や障害者，児童，ひとり親家庭，寡婦，低所得者など社会的に困難な状況に直面している人たちを対象として金銭的な支援や各種サービスの提供が行われる。

■参考文献
・国際連合：世界幸福度報告書（World Happiness Report）2023年版，2023
・松本峰雄編著：改訂 子どもの福祉，建帛社，2013
・山縣文治ほか監修：ワイド版 社会福祉小六法2022，ミネルヴァ書房，2022
・厚生労働省編：平成30年版厚生労働白書，2018
・厚生労働省編：令和2年版厚生労働白書，2020
・厚生労働省：社会保障体制の再構築（勧告）～安心して暮らせる21世紀の社会をめざして～，1995
・内閣府：全世代型社会保障構築会議（報告書）～全世代で支え合い，人口減少・超高齢社会の課題を克服する～，2022
・厚生労働省：年金制度のポイント 2022年版，2022

1. 社会福祉の背景

要点

◎社会的背景により，その時々の社会福祉に関する考え方，とらえ方が変遷している。政治・経済・戦争など，社会状況に左右されながら，現在の社会福祉の理念が形成されるようになった。

キーワード

社会的背景（民主化と権利意識の高まり）　世界恐慌　ニューディール政策
ファシズム　資本主義　民主主義　ウェルビーイング

2. 日本の社会福祉の歴史

要点

◎日本の古代～中近世の社会福祉は，宗教を背景にした慈善，皇室や幕府による救済が主であり，近世に入ると農民や町人同士の互助的な仕組みが制度化されていった。

◎近代の社会福祉は，慈善・救済を基礎としつつも，社会福祉施設の原型の出現，恤救規則など救貧制度の法制化，民間慈善活動の広がりがみられた。

◎現代の社会福祉は，終戦直後の緊急的な生活保障，高度経済成長に伴う福祉ニーズの多様化への対応がみられ，現在は少子高齢化への対策が喫緊の課題となっている。

キーワード

四箇院　五人組制度　東京養育院　恤救規則　救護法　石井十次　石井亮一
原胤昭　日本国憲法　エンゼルプラン　ゴールドプラン　社会福祉基礎構造改革
子ども・子育て関連三法

3. 欧米の社会福祉の歴史（イギリス，アメリカ，スウェーデン）

要点

◎イギリスの社会福祉はギルドの助け合いや教会による慈善に始まり，近代以降は救貧法による救済が行われ，これを補うCOSの活動は，のちのソーシャルワークの原型となった。

◎アメリカの社会福祉には，メディケア，メディケイドなどの医療保障・扶助，TANFなど貧困家庭扶助があるが，生活保護は自立を促すため期限を設けたものとなっている。

◎スウェーデンでは，救貧政策による貧窮民の劣等処遇がなされていたが，20世紀以降は福祉国家路線を歩み，ノーマライゼーションの理念による福祉の先進国となった。

キーワード

救貧法　COS　リッチモンド　社会調査　ベヴァリッジ報告　障害者差別禁止法
メディケイド　メディケア　IL運動　スウェーデン・モデル　エーデル改革

1．社会福祉の背景

（1）恩恵・救済としての社会福祉

　19世紀の多くの国々では，人々は自ら自身の生存を維持する責任を負っていて，国家は人々の自身の生存について責任を負うものではないとされていた。

　しかし，資本主義の発展とともに，多数の失業者や貧困者が一定の状態で存在することがわかってきた。これにより，国家は恩恵的施策として各種の社会政策を実施するようになった。

　その後，社会主義思想の発達に伴い，経済的弱者（ここには今日でいう社会福祉の対象となる人々が含まれる）の存在が必ずしも個人の責任によるものではなく，資本主義経済の制度そのものに原因があることが明らかになると，経済的弱者の救済は社会の責任であり，国家の責任と考えられるようになった。

　例えば，世界恐慌（1929年）は，それ以前から慢性的な資本の過剰化が続いていたことや，資本家の間の競争が激しくなったことで起こったものである。資本の過剰化は，それぞれの権益を維持するために自国だけでは資本の維持ができず，新たな市場を求めることになり，勢力圏を確保する必要から，やがては複数の国を巻き込んだ大きな戦争（第一次世界大戦）につながっていった。

　そして，第一次世界大戦終結後も資本の過剰化は続いていた。世界恐慌は，それまでの資本主義諸国が経験したことがなかったような過剰資本と過剰人口の存在に直面することになり，長期に渡る不況も影響し，資本主義経済の自動的な回復力が期待できなくなっていた。

　こうした資本主義の行き詰まりの中，アメリカではニューディール政策を掲げ，人工的に雇用を作り出して経済の安定を試みたが，十分な成功を収めたとは言い難かった。それぞれの資本主義国家は，資本の過剰化と過剰人口の維持を続け，権益を維持するには，国外に勢力圏を確保せざるを得なくなっていった。資本主義の組織化が進み，ドイツではナチズム，イタリアではファシズム，日本では軍国主義の台頭があり，第二次世界大戦につながっていった。

（２）ウェルビーイングとしての社会福祉へ

　第二次世界大戦後は，さらに資本主義の組織化は進み，各国は完全雇用の実現を最重要的な課題として位置づけ，実現のために低金利政策，財政投融資，景気調整策，公共事業などの経済政策を展開するなどの政策体系を採用するようになっていった。社会福祉政策は，完全雇用政策を補足しつつ，社会不安を解消し，社会体制としての民主主義と資本主義を維持していくための政策として位置付けられた。民主主義と資本主義体制の維持のためには，貧困者だけを対象とする政策であってはならず，恩恵的であってもならなかった。国民の権利に対応し，普遍的な施策でなければならなかったのである。

　わが国において国民の権利という考え方は，第二次世界大戦後に制定の「日本国憲法」によって理解されることとなった。国民の権利としての社会福祉は，より具体的には第11条の基本的人権の享有，第13条の個の尊厳，第25条第１項の生存の権利に根拠がある。生存の権利でいう生存とは，単に生きていく程度のものではなく，文化的な人間にふさわしい生活をする程度を意味する。

　世界保健機関憲章（1948年，WHO）の健康の定義では，「健康とは，病気でないとか，弱っていないということではなく，肉体的にも，精神的にも，そして社会的にも，すべてが満たされた状態にあること」と示され，ウェルビーイング（well-being よりよく生きる）として広く知られるようになった。

　このような背景から，社会福祉は当初は国家による社会体制維持のための恩恵的な施策であったものから，民主主義と資本主義経済を中心とする社会体制の変化に伴って，国民一人ひとりにとってのよりよい状態を目指す，ウェルビーイングという理念に変わってきたのである。

　社会福祉は，人類の歴史の一部であり，地球上の営みの一部である。そして，人類の歴史において，人の暮らしに大きく影響を与えてきた戦争，経済，そして宗教もまた社会福祉と深い関係にある。人類の歴史，地球上の営みといった大きなスケールも視野に入れつつ，人の生活や生命が危うくなったときや，危うくなろうとするときに，国家による制度・政策として行われてきたこと，それ以前は，宗教思想による救済も行われてきたという視点で社会福祉を改めて見つめ直すことが，社会福祉のあり方を把握する足掛かりになるだろう。

２．日本の社会福祉の歴史

（1）古代～中・近世

　わが国における古代から中世にかけての福祉施策は，宗教による慈善，皇室や幕府などによる政治を安定させるための貧民救済が主なものであった。

　近世に入ると，地域の共同体の中で労力・貨幣・財物を共同で融通し合う相互扶助の考え方が取り入れられるようになってきた（表2‐1）。

表2‐1　慈善・救済事業と互助制度

時代	慈善・救済制度	内　　容
古代	聖徳太子の四箇院	貧困者，病人の救済
	光明皇后の救済	貧困者，病人の救済
	布施屋	仏教を背景，税を中央に運ぶ際に行き倒れた人たちへの対応
	戸令（718年）	自立して生活することができない人だけが，救済の対象
中・近世	キリスト教による慈善事業	宣教師アルメイダやザビエルが代表的。救療を含む慈善事業
	五人組制度	連帯責任制における農村の助け合い
	人足寄場で仕事の斡旋	江戸などの大都市に流入する貧しい人たちに仕事の斡旋や食糧を与えるなどして，農村に帰す
	町会所	飢饉や災害時の備えとして積立金を集めた。近代になると日本で代表的な施設へ変身する

（2）近代（明治～昭和初期）

　江戸時代末期から日本はヨーロッパやアメリカの文明の影響を受けた。明治維新（1868年）をきっかけにして，立憲君主国として国際社会への関与を強め，大日本帝国憲法を経て，日本国憲法へと進み，君主主権から国民主権の国になった。明治，大正，昭和初期を経て，日本は，近代国家としての基礎が整った。

　明治時代になってしばらくは，殖産興業による産業育成，国土計画による治山治水，インフラ整備，大日本帝国憲法制定，内閣・議会制度の確立など，国を統治する仕組みが整えられた。また，日本は，不平等条約改正のため，ヨーロッパやアメリカの政策などを積極的に取り入れた。

その後，日本は列強国として日清・日露戦争，第一次世界大戦で領土（朝鮮半島や台湾の植民地化）を拡大した。

明治期では，近代以前で行われてきた宗教を背景にした慈善・救済事業を基礎として，現在の社会福祉施設の原型ができあがっていく。また，社会福祉施設や慈善事業の組織化が図られていった。

1）社会福祉施設の原型

1872（明治5）年，ロシアの皇太子アレクセイの訪日をきっかけに東京養育院がつくられた。しかし，それだけでは急速な資本主義化に伴う貧困への対応は困難であった。そこで徐々にではあるが，児童保育院のような子どもたちの生活施設をはじめとして，全国に貧困者や子どもたち，高齢者のための入所施設がつくられていった（表2-2）。

表2-2　社会福祉施設の原型

施設名	内　　容
東京養育院	それまでの各町会所における積立金を資金とし，東京市の浮浪児たちを収容した。渋沢栄一も院長を務めた
児童保育院	江戸時代末期につくられた秋田の感恩講が母体

2）恤救規則による救済

在宅生活で生活問題を抱える人々に対しては，「恤救規則」（1874（明治7）年）が制定され，貧困者に対し人民がお互いに助け合うべきことを強調し，極貧独居老人，障害者，病人，若年児童などの放置しておけない者に限り，一定の米を支給するとした（のちに金銭給付となる）。保護を受ける権利は認めず，労働能力のある者や身寄りのある者，施設に入所する者には保護を認めなかった。非常に限定的であったが，その後の日本の救貧行政を方向づけたともいえよう。

3）明治期の民間慈善事業

「恤救規則」が非常に限定的な制度であったため，多くの極貧独居老人，障害者，病人，若年児童などの放置しておけない者は，民間の実践家たちの活動によって受け入れられていった。

石井十次
（石井記念友愛社提供）

石井亮一
（滝乃川学園石井亮一・
筆子記念館提供）

原胤昭
（関西大学出版会提供）

図2－1　民間の慈善事業家

　岡山孤児院（児童養護施設の原型）を設立し，小舎制（小規模単位の家族的な養護），里親制度を取り入れた石井十次（1865～1914），アメリカで知的障害児教育を学び，知的障害児施設の原型となる滝乃川学園を開設した石井亮一（1867～1937），貧児を対象にした二葉幼稚園（1916（大正5）年に二葉保育園と改称）を創設した野口幽香，監獄から出獄した人々の更生保護のために東京出獄人保護所を開設した原胤昭（1853～1942），小野慈善院（視覚障害者を受け入れたことを契機に発展）の小野太三郎，大阪養老院（ひとり暮らし高齢者の受け入れ）の岩田民次郎など，多くの実践家による活動がみられた（図2－1）。

　太平洋戦争に入る直前まではそれまでの慈善事業が組織化されたり，救済が制度化されたりしてきた。慈善事業の組織化は，現在の全国社会福祉協議会に引き継がれていく。それまでの，貧窮者，子ども，高齢者，病人が一緒に施設に入所（混合収容）する形態から，利用する人の特性に応じて対応（分化）するようになった。「恤救規則」は「救護法」（1929（昭和4）年）へ改正され，それまでの家族や地域の助け合いから，より国の介入が強まった。ただし，救護法は，国の財政が苦しいことから後回しにされたため，制定が遅れた。

4）第二次世界大戦中

　ヨーロッパでは，ドイツがイギリスやフランスなどと戦争を始め，第二次世

界大戦が始まった。日本はドイツやイタリアと同盟を結び，中国と戦端を開い
たが，アメリカは日本の中国支配に反対し，日本への鉄や石油の輸出を止め，
日本に戦争を止めるよう求めた。日本はこのアメリカの要求を無視し，東南ア
ジアまで軍隊を進めたため，日本とアメリカの対立は激しくなった。

　そして日本はアメリカとの戦争を決断し，日本軍はアメリカのハワイにある
真珠湾を攻撃し，アメリカと開戦した。戦争が始まった頃は，日本は東南アジ
アの各地で勝利を重ねた。しかし，戦争が始まって半年ほどが経つと，アメリ
カ軍の反撃が始まり，日本軍は各地で負け続けるようになった。日本各地がア
メリカ軍による空襲を受けるようになり，空襲の標的になっていた都会に住ん
でいた子どもたちは，地方へ移り住んだ。

　東京や大阪で大規模な空襲があり，また，沖縄戦では数多くの民間人の死者
が出た。そして，アメリカ軍によって原子爆弾が広島・長崎に落とされて，20
万人以上の死者が出た。戦争で両親が亡くなり，身寄りのなくなった子ども
（孤児）が全国でおよそ12万人にのぼった。そして，ついに日本は降伏した。

　戦争にあたって日本は，軍国主義の道を歩んでいた。それまでの社会事業は
戦争に寄与する形に変わり，戦時厚生事業となった。国が国民に要求すること
は，戦争に勝つために健康な国民が生み育てられることであった。

　例えば，「軍事扶助法」（1937（昭和12）年），「社会事業法」（1938（昭和13）
年），「国民健康保険法」（1938年），「医療保護法」（1941（昭和16）年）であ
る。そして，終戦（1945（昭和20）年8月15日）を迎えた。終戦時には，国民
生活は疲弊し，施設入所の人々の生活も厳しいものであった。

（3）現代（第二次世界大戦後）

1）戦後（昭和期）

　太平洋戦争が終わり，日本を占領した連合国軍最高司令官総司令部（GHQ）
は，日本の民主化に向けて以下のような様々な改革を行った。

　・20歳以上のすべての男女に選挙権が与えられた。

　・政治に強い影響を与えていた財閥（大きな会社の集まり）を解散させた。

　・田畑をもたず，地主の土地を借りていた小作人に土地が分け与えられた。

・義務教育は，小学校6年間，中学校3年間になった。

・戦争を肯定する教育は禁止され，平和の大切さが教えられるようになった。

・学校給食が始まった。

・軍隊を解散した。

・労働組合を作ることが認められる。

・政党をつくることが認められる。

　GHQは，明治時代の憲法であった大日本帝国憲法について民主的な憲法としては不十分であるとして，改正案を用意していた。日本政府は，GHQの憲法改正案を修正し，憲法案をまとめた。憲法案は，約4か月の間，国会において憲法内容の話し合いが行われ，認められた。そして，1946（昭和21）年に日本国憲法が公布され，翌年に施行された。そこでは，「国民主権」「平和主義」「基本的人権の尊重」が掲げられた（三大原則）。また，天皇は，国や国民の象徴とされ，それまでもっていた政治的な力をもたないことになった。

　1951（昭和26）年日本は世界48か国と平和条約を結び独立を果たし，1956（昭和31）年には，日本は国際連合に加盟し，国際社会の一員に復帰した。

　終戦直後は戦争被災者等の緊急的な生活保障，その後は日本経済の復興が課題であった。日本経済の復興とともに都市化，少子高齢化，家族機能の低下といった社会の変化も伴い，それにより，特定の利用者を対象とした社会福祉サービスから，誰もが利用できるような社会福祉サービスに変わってきた。

　1946（昭和21）年には新しい「生活保護法」が成立し，1947（昭和22）年に「児童福祉法」，1949（昭和24）年に「身体障害者福祉法」が成立し，いわゆる「福祉三法体制」が整った。

　日本経済は次第に立ち直り，1950年代後半から急速に成長（高度経済成長）した。日本の製品は優れた技術によって作り出され，海外から高い評価を受け，世界中に輸出された。日本の工業も発達し，テレビや冷蔵庫，洗濯機などの家電製品が日本中に広まり，人々の生活は豊かになっていった。

　1964（昭和39）年には，東京でオリンピックが開催され，日本は戦後約20年で復興した様子を世界に示し，世界中の人々を驚かせた。また，オリンピックに合わせ，東海道新幹線を開通させ，東京都内には高速道路が作られた。人々

が健康な生活を送れるよう，健康保険や年金などの制度も整えられた。

また，1960（昭和35）年に「精神薄弱者福祉法（現，知的障害者福祉法）」，1963（昭和38）年に「老人福祉法」，1964（昭和39）年に「母子福祉法（現，母子及び父子並びに寡婦福祉法）」の三法が制定され，あわせて「福祉六法体制」が整った。

1970（昭和45）年に高齢化率が７％を超え，国民生活の向上や価値観の変化などにより福祉ニーズの多様化・高度化が起こり，その対応が課題となった。

高度経済成長期は，国際経済動向の緊迫化とこれに伴う円切り上げ，公害や人口過密の深刻化など，急速なわが国の経済・社会の転換をもたらした。

1973（昭和48）年の「経済社会基本計画」では，国民福祉の充実と国際協調の推進を掲げた。政府は同年を「福祉元年」と宣言し，年金給付水準の引き上げや老人医療費無料化などが行われた。しかし，オイルショックをきっかけに，それまでの社会福祉財政を維持することが難しくなることも予想された。

２）平 成 期

その後，さらなる高齢社会の進展に伴い，それまでの社会福祉を見直し，1989（平成元）年に「高齢者保健福祉推進10か年戦略（ゴールドプラン）」が策定され，1990（平成２）年に「福祉関係八法の改正」が行われた（表２−３）。

次いで，のちに「福祉３プラン」と呼ばれる1994（平成６）年の「エンゼルプラン」と「新ゴールドプラン」，1995（平成７）年の「障害者プラン」が策定され，1997（平成９）年には「介護保険法」が制定された。

法改正や計画が策定され，社会福祉の基盤であった「社会福祉事業法」や社

表２−３　福祉関係八法

児童福祉法，身体障害者福祉法，精神薄弱者福祉法（現，知的障害者福祉法），老人福祉法，母子福祉法（現，母子及び父子並びに寡婦福祉法），老人保健法（現，高齢者医療確保法），社会福祉事業法（現，社会福祉法），社会福祉・医療事業団（現，独立行政法人福祉医療機構法）
〈改正内容〉 ・福祉各法への在宅福祉サービスの位置づけ ・高齢者および身体障害者の入所措置権の町村移譲 ・市町村・都道府県への老人保健福祉計画策定の義務づけ　等

会福祉事業の見直しの必要も出てきた。その後，2000（平成12）年の社会福祉基礎構造改革を経て「社会福祉事業法」が改正され「社会福祉法」として成立した。この改正のポイントは，利用者の立場に立った社会福祉制度の構築，サービスの質の向上，社会福祉事業の充実・活性化，地域福祉の推進であった。

3）社会福祉基礎構造改革以降

2014（平成26）年には，母子家庭に対する総合的な福祉施策などについて定めた「母子及び寡婦福祉法」が「母子及び父子並びに寡婦福祉法」に改正され，父子家庭も対象として含められることになった。

2015（平成27）年には，子ども・子育て関連三法に基づく「子ども・子育て支援新制度」がスタートし，幼児期の教育・保育，地域の子育て支援の総合的推進を目指す体制が整備された。

同じく2015年，「介護保険法」が改正され，団塊の世代が2025年には75歳以上になることを想定して，医療や福祉に関する法律を一体的に見直した。

2017（平成29）年には社会福祉法が改正され，2018（平成30）年に施行された。この改正は地域共生社会の実現を掲げており，特に社会福祉法人に対して，本来の目的である「地域の利用者がサービスを受けることができる非営利事業として行う団体」に立ち返ることが，再度求められる内容になっている。

2019（平成31）年2月には，厚生労働省社会保障審議会にて「今後の社会保障改革について―2040年を見据えて―」と題して，高齢者の数がピークを迎える2040年に税収や人口構造の変化を考えながら，すべての国民が支え合っていく仕組みについて議論が始まり，現在も続いている。

2019（令和元）年6月には，内閣府子ども・子育て本部が，これからの子ども子育て支援の総合的な推進について見通しを出した。同年10月からは幼児教育・保育の無償化が実施され，少子化対策のねらいと合わせ，保護者の負担を減らすことが目指されている。

2020（令和2）年の社会福祉法改正では，高齢者や子育て世代，障害者などの枠組でない取り組みが自治体主導で進められることになり，社会福祉法人やNPO法人をグループ化して設立できる社会福祉連携推進法人が創設された。

2024（令和6）年には，児童福祉法が改正され，児童虐待の増加などの子育

てに困難を抱える世帯が増えてきている状況に対し，子育て世帯に対する包括的な支援のための体制強化等を行うこととなっている。

3．欧米の社会福祉の歴史（イギリス，アメリカ，スウェーデン）

（1）イギリスの社会福祉の歴史

　イギリスは，社会福祉も含めたさまざまな分野の学ぶべき対象として，世界の注目を集めてきた。その理由の1つは，世界初の産業革命と資本主義社会の発展を遂げた国であり，それに伴う国民の生活問題や貧困者の増加をいち早く経験し，それに取り組んだ国でもあるからである。イギリスから独立したアメリカをはじめ多くの国が，イギリスの社会福祉を参考にしている。

1）前近代から近代へ

　中世封建社会とも呼ばれ，征服王朝ノルマン朝（1066〜1154）から16世紀ごろまでの時代である。この時代では，領主が農奴に土地を貸しつけ，生産物を納めることを義務づけた。しかし，天候・気象によって生産が左右されることもあり，そういった場合には，領主が農奴に慈恵を与えた。

　都市では，ギルド（職業別組合）が組織され，それぞれのギルドの中での助け合いが行われていた。また，教会は生活に困った子どもや高齢者，病人などに対して救貧院（働けない者を収容）を設置し，慈善事業を行った。

2）近代資本主義

　囲い込み運動により大量の生活困窮者が生み出された。それは，地主にとって農地で農業を営むよりも，羊を飼って羊毛を刈り販売したほうが儲かるため農地が次々と牧場にかわり，働いていた農民が失業してしまったからである。

　失業した農民たちは浮浪者や乞食となったため，国家は，失業した農民たちを治安目的により元の場所へ戻るように求めた。求めに応じない場合は鞭打ちや処刑にするなど，貧困者は，犯罪人と同じような対応をされていた。その対応は，「エリザベス救貧法」（1601年制定）として次のように集大成された。

　　・労働能力のある貧民は，材料と道具を与え働かせた。

　　・労働能力のない貧民は，教区の費用で救貧院に保護し，生活を扶養した。

・幼少の場合は里子に出して里親が育て，８歳以上の男子は徒弟に，女子は家事使用人になった。

３）産業革命

18世紀半ばから19世紀にかけて工場制機械工業の導入により産業が変革し，それに伴って社会構造も変革したことを産業革命と呼ぶ。

土地から追放された多くの農民たちが都市に向かい，封建社会のときのように農民を土地に縛りつけておくことが困難となり，それまでの救貧政策では対応が難しく，批判も出た。そのため「救貧法」を見直さざるを得なくなり，以下のような特徴をもった「新救貧法」（1834年）が登場した。

・貧民の生活水準は労働階級の最低水準以下であること（劣等処遇の原則）。

・厳しい決まりのある労役場でのみ救済する（院内救済の原則）。

　※一般の人たちと同じように働くことができない人たち（障害者，病人，子どもなど）に限定。在宅での救済は廃止して強制的施設入所としたため，貧民は「新救貧法」を嫌がった。

・不況による大量失業者に対応できない。

そういった「新救貧法」を補う方法として，慈善救済組織化および乞食抑制のための協会（1869年：のちの「慈善組織協会（COS：Charity Organization Society）」）がつくられた。COSは，怠惰で援助に値しない貧民については懲罰的に対処する従来の救貧行政に任せるという認識をもっていた。また，友愛訪問として貧困者の家庭を訪問し，貧困から抜け出せるように助言をして回った。COSの友愛訪問はその後アメリカへ伝えられ，リッチモンド（M. Richmond, 1861〜1928）らのCOSの活動を経て，ソーシャルワークへ発展していった。

貧困は個人の責任であるという貧困観は，「救貧法」やCOSからアメリカにも引き継がれた。しかし，この貧困観が変わるポイントが２つあった。１つは，貧困調査と社会調査により，ライフサイクルによって生活の状況が変わったり，失業などの社会的な変動との関係によって引き起こされたりすることがわかってきたことである。もう１つは，セツルメント運動であった。

４）新救貧法に反する気運の芽生え

貧困調査や社会調査は，劣等処遇の原則で想定されていた労働者の最低生活

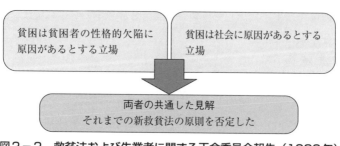

図2-2　救貧法および失業者に関する王命委員会報告（1909年）

は身体的な健康すら保ちづらいことを示した。それにより，劣等処遇という伝統的な貧困対策方針に疑問が出された。同時に，大量の失業者の増大により，労働能力のある貧民が増加した時期でもあった。政府は，失業者の増大に対して劣等処遇の維持も続けた。これは，対症療法的対応であるばかりか，貧困原因の解消につながらないという苦しみでもあった。

　そこで政府は，「救貧法および失業者に関する王命委員会」（1905年設立）を設立し，貧困は貧困者の性格に欠陥があるとする立場の者たちと，貧困の原因を社会に求めようとする立場の者たちを議論させ，貧困や失業者に対して有効な方策の手がかりを得ようとした。そして，1909年の報告に議論の成果が出され，それまでの「新救貧法」に反する気運の芽生えとなった（図2-2）。結局，議論は50年間近く続き，「新救貧法」の解体は1948年になされた。

5）ベヴァリッジ報告

　第二次世界大戦中の1942年，社会政策学者のウィリアム・ベヴァリッジ（W. H. Beveridge, 1879～1963）によって終戦後の社会保障に関して体系的にまとめられた報告書がベヴァリッジ報告である。主な内容は次のとおりである。

・5つの巨人悪（窮乏・怠惰・疾病・無知・不潔）が国民を苦しめている。
・この5巨人悪から国民を救う方法の1つが社会保障であり，現在の社会福祉（ゆりかごから墓場まで）の芽生えとなる。
・拠出と引き換えに給付が受けられる社会保険を核とする社会保険主義。
・すべての保険事故（あらかじめ取り決められた共通の条件）とすべての国民を対象とする包括的な社会保険。

・必要最低限度の生活費を一律に保障するナショナル・ミニマムの原則。

・定額給付をまかなう定額拠出の原則。

1979年から1980年代は，サッチャー（Thacher，M. H.）の下で社会福祉分野における大規模な民間活力の導入が行われた。

1995年には「障害者差別禁止法」が制定され，障害者が差別を感じないように環境を整備することが定められた。

1948年に設立されたNHS（National Health Service　国民保健サービス）は，国営である。現在では従業員150万人をかかえる組織で，保健・医療・介護・福祉サービスを提供し，イギリス国民やイギリス滞在外国人もNHSにかかわる医療費はすべて無料であるが，薬剤費については有料である。NHSの財政や運営は，イギリス経済やEUとの関係に大きくかかわっている。

（2）アメリカの社会福祉の歴史

1）国民性と社会福祉

アメリカは，自助の精神と開拓精神に基づいて国をつくってきた歴史があり，そのため，伝統的にアメリカ政府は，個人の生活に干渉をしない。

植民地時代のアメリカは，豊かな土地と資源に恵まれ成功を収める者もいた反面，多くの貧窮者も生み出した。この貧窮者に対し，イギリスをモデルにして救貧制度を創設し，独立後も州単位で救貧制度を継続した。

社会保障法は，社会保険と公的扶助を中心に，社会福祉サービスがその補完的な役割を担っていた。1960年代には公共福祉サービスが体系化されておらず，支出に対する責任もあいまいであるという問題点を抱えていた。問題の解決には，現金給付と社会福祉サービスの分離が必要になってきた。

そして1975年に，所得保障と社会福祉サービスを分離した「社会保障法タイトルXX（ナンバー・トゥエンティ）」が制定された。社会福祉サービスは州の権限とされ，地域社会で生活するための個別的なサービスを提供するパーソナル・ソーシャルサービスとして確立された。

1980年代のレーガン大統領の就任後，新自由主義のもと，自助・自立を強調して国の役割を小さくする「小さなアメリカ政府」を進めた。

　社会保障制度としては，老齢・遺族・障害年金のほかに，高齢者・障害者の医療を保障するメディケアと，低所得者を対象に医療扶助を行うメディケイドといった公的医療保障制度と，補足的所得保障や貧困家庭一時扶助のTANF（Temporary Assistance for Needy Families），フードスタンプがある。

　アメリカの介護サービスは私的に購入するものであり，公的保障は極めて限定されている。介護サービス供給はアメリカ介護事業の市場に任されており，介護サービスに関する公的な介護事業や介護計画はない。

　アメリカの福祉の分野においては，1996年8月に成立した「個人責任および就労機会調整法」による福祉改革により，「福祉から就労へ（Welfare to Work）」が，アメリカ合衆国連邦政府の福祉政策の基本方針となった。内容は，社会保障受給者に対して受給期間を生涯合計5年とし，受給者が扶助を受け始めてから2年以内に就職しなければならないものである。

　アメリカ社会保険制度の年金分野においては，国民が加入する社会保障年金制度がある。しかし，医療分野においては民間医療保険が中心である。この点，国民皆保険である日本と大きな違いがある。

　アメリカにおける医療費の支出は増大し，将来的にはメディケアやメディケイドなどの社会保障を政府が持続させることは困難になると予想されている。

　医療制度の問題は国家の財政赤字にも関与している。オバマ大統領は就任直後から掲げてきた医療制度改革に着手し，「医療制度改革法」（2010年）を成立させた。2014年の本格運用に向けて段階的に施行していく内容であった。

　しかし，成立した改革法に対する国民の支持が必ずしも高くなく，個人への医療保険加入の義務づけや，メディケイドの拡充について反対意見も多く，施行に向けた道筋が予断を許さない状況であった。

　「医療制度改革法」施行後も医療費が高いままであり，改革法が十分に機能しているとはいえない。

　その後，第45代アメリカ合衆国大統領となったドナルド・トランプは，オバマケアの廃止や代替法案の成立を目指し，法案を議会に提出した。しかし，廃止や代替案の法案は議会によって否決された。2017年10月にオバマケアの規制を一部緩和し，アメリカ国民が簡素な保険商品を購入できるようにする大統領

令に署名したが，医療機関，保険会社などから保険市場を混乱させるという批判が出て，具体的な成果は得られていない。

2）高齢者福祉施策（メディケア）

メディケアは1965年に創設され，65歳以上の高齢者や65歳未満の一部の障害者の医療保障として運営されている。疾病や負傷を対象とした医療保険制度であり，介護サービスの給付は極めて限定されている。在宅サービスでは，メディケア指定事業者による訪問介護，訪問リハビリテーションが提供される。

3）低所得者福祉施策（メディケイド）

メディケイドは，低所得者や障害者を対象にした医療扶助制度であり，アメリカ合衆国連邦政府とアメリカ州政府が共同で運営している。受給資格を得るためには，所得や資産の調査を受ける必要がある。

財政では，訪問看護とナーシングホームへの支出が総支出の約40％を占め，高齢者看護・介護の分野での支出が増加している。ナーシングホームの入所者は，メディケアの保障期間が終わると入所費用は自己負担となり，最終的に自己資産を使用し，資産を失いメディケイド対象者となるケースがみられる。

4）障害者福祉施策

1960年代に，カリフォルニア大学バークレー校の重度の障害をもつ学生が大学生活の保障を求めて，IL運動（Independent Living 運動）といわれる障害者の「自立生活運動」を起こし，1970年代に広く展開された。自己決定のための必要な選択肢を用意する支援体制を障害者自身も参加して社会に整備することを主張し，新しい自立観を広めるきっかけとなった。

その後，1990年に「ADA法（障害をもつアメリカ人法：Americans with Disabilities Act of 1990)」が制定された。これは，「障害者に対し，基本的な公民権についてより幅広い保護をもたらすもの」で，すべてのアメリカ人が享受すべきアメリカン・ライフを障害者も公正で正当に享受できることを明記した。また，民間の建物や事業，サービスにまで法的強制力を働かせている点や，具体的な対応策を規定している点で，画期的なものであった。

障害者に対する保健福祉サービスとしては，障害者年金や補足的所得による現金給付，メディケアおよびメディケイドによる医療保障が中心になる。

5）児童福祉施策

　児童を養育する低所得家庭を対象とする貧困家庭一時扶助のほか，里親，養子縁組および児童自立支援の提供，児童虐待対策，保育施設，発達障害児童対策などが行われ，児童扶養強制プログラムにより親の捜索，確定および児童扶養経費の支払い命令を実施し，教育を行っていない親に対して養育費の徴収を行っている。政府は，連邦保健・福祉省内に保育の専門部局を設置し，低所得の家族でも良質の保育サービスを享受できるよう財政的支援を行っている。

（3）スウェーデンの社会福祉の歴史

1）スウェーデン・モデル

　20世紀初頭のスウェーデンは貧しい農業国であり，国民の４分の１近くが仕事を求めて海外へ移民せざるを得ない状況でもあった。同時に，イギリスのCOS活動や相互扶助活動，キリスト教の社会活動の活発化の影響があったため，社会改良への運動も芽生えている。この後，スウェーデンは高い水準を保ち，ほとんど貧困のない，世界有数の裕福で洗練された工業国に変化していく。この変化は，スウェーデンの豊かな天然資源と技術が基盤となっている。

　さらに，強力な組合組織，平等思想，広範囲に及ぶ資源の再分配が行われ，その結果，基本的ニーズである医療，教育，住宅が確実に一般の人々にいきわたった。いわゆる，スウェーデン・モデルと称されるすべての国民が公的資金で提供される医療，保育園，学校，高等教育，高齢者介護，年金，福祉サービス，経済的保障を受けられる制度が整っていく。

2）福祉国家以前のスウェーデン

　スウェーデンは，1521年にデンマークから独立するまでカソリック教会が救貧院や病院で貧窮者や孤児・高齢者・病人を収容し保護する，慈善救済が一般的であった。その後，宗教改革を経て1571年に「教会法」が制定され，教区内の貧窮な独居高齢者を，教会が救貧院に収容・保護することが決められた。

　1686年の「教会法」において教区が貧窮民を救済する義務が明記され，役割が決められた。続く1698年には，貧窮民の救済費用のための課税や寄付に関する規定も付け加えられた。当時の救貧院は衣食住の提供はあったが生活につい

ては拘束が厳しく，労働が強制された。

　1763年「救貧税法」が制定され，救貧院も増えたが，貧窮民に対する慈善の域の中であり，救貧への理解は進まず，それまでと変わらない生活についての拘束や労働の強制が続いていた。対策として「救貧令」（1848年），「救貧法」（1853年）が制定されたが，農業革命や産業革命初期であって，労働条件も悪く，就労できない人々も多くいたため，効果を上げることができなかった。

　「救貧法」は，体系的に救貧対策を整えたものであった。しかし，その後の「改正救貧法」（1871年）や「浮浪者取締法」（1885年），「団結禁止法」（1889年）などは，貧窮民に対しては劣等処遇の原則をもとにした院内救済が中心であり，増加する浮浪者に対し強制的な労働をさせるなど，一連の対策への反抗を許さない"締めつけ"であるという考え方が基本にあった。

3）福祉国家への道

　1905年にノルウェーとの同盟を解消し，1932年に社会民主労働党政権となってからは福祉国家路線を歩むようになった。社会保障制度の整備として，「児童保護法」（1902年）や「老齢年金制度」（1913年），1930年代以降高齢者のための住宅や施設建設が進められた。さらに，「障害者援助法」（1944年），「児童手当法」（1946年），救貧制度を公的扶助制度へ切り替え（1950年），「救貧法」が「公的扶助法」（1955年）となり，「国民保険法」（1963年）が制定され，年金部門と医療部門を統合した。ノーマライゼーションの理念による高齢者福祉や障害者福祉の先進国として注目を集めた。

　1970年代後半に入ると，経済の低成長，人口の高齢化による福祉財政のひっ迫，国民への高い税金などが問題となった。そこで「社会福祉サービス法」（1982年），「知的障害者福祉法」（1986年）が制定され，限られた資源や財政の中で福祉を，住民に最も身近な自治体の責任のもとで行うこととした。

　「エーデル改革」（1992年）は日本の介護保険制度創設の参考にもされ，高齢者福祉のコスト削減とサービスの質の向上，保健福祉の地方分権化が進められた。「機能障害者を対象とする援助およびサービスに関する法律」（1994年）は，地域の障害者の自立生活支援のための日常生活の個人的援助としての介助（パーソナル・アシスタンス）を公費によって保障するものである。コンタク

トパーソンは，外出時のガイドヘルプサービスや孤立化防止のために，同世代の者がいわば友人のようなかかわりをもつというサービスである。

　こういった取り組みの結果，2010年代に入り，多くの高齢者が住み慣れた地域・在宅で暮らすことが可能となった。また，それを支える介護サービスについての満足度は，高い水準を示している。

　増大する国民の福祉ニーズに対して，国民の財政負担を高めることなく，これまでのサービスの質を保ちながら脱施設化やノーマライゼーションを進めていくことは，スウェーデンと日本に共通した課題である。

　近年，スウェーデン（現在の人口は約1,000万人）は，世界有数の洗練された工業国として経済も安定し，長い時間をかけて構築してきた社会保障制度も機能し，合計特殊出生率は2021年現在，1.67人の水準を示している。また，日本に比べ緩やかではあるが，高齢化が進んでいる。さらに，近隣諸国からの難民の受け入れを進めた（2015年に16万3,000人の難民を受け入れた）結果，社会・経済に大きな影響があり，社会保障全体にも影響や負担が出ている。

■参考文献
・右田紀久恵，高沢武司，古川孝順編：社会福祉の歴史，有斐閣，1977
・井村圭壯，相澤讓治編：社会福祉の成立と課題，勁草書房，2012
・吉田久一，高島進：社会事業の歴史，誠信書房，1964
・朴光駿：社会福祉の思想と歴史，ミネルヴァ書房，2004
・大熊信成，増田康弘編著：ソーシャルワーク過程の理論とその応用―事例で学ぶ相談援助・集団援助，大学図書出版，2007
・Bean, R.：ナショナルジオグラフィック世界の国 イギリス，ほるぷ出版，2009
・Croy, E.：ナショナルジオグラフィック世界の国 アメリカ，ほるぷ出版，2011
・Phillips, C.：ナショナルジオグラフィック世界の国 スウェーデン，ほるぷ出版，2010
・スヴェン・スタインモ：政治経済の生態学 スウェーデン‒日本‒米国の進化と適応，岩波書店，2017
・長谷川貴彦：イギリス現代史，岩波新書，2017
・見田宗介：現代社会はどこに向かうか―高原の見晴らしを切り開くこと，岩波新書，2018

第3章

社会保障と社会福祉制度

●● アウトライン ●●

1．私たちの生活を支える社会保障制度

要 点

◎社会保障制度は「生存権」を保障する制度であり，国民の安心な生活を保障することを目的とし，生活の安定や向上の機能，所得の再分配機能，経済安定機能などを有している。

キーワード

生存権　社会保険　公的扶助　健康保険　年金保険　賦課方式　国民皆年金
被保険者　介護保険　労働者災害補償保険　雇用保険

2．社会福祉制度の概要

要 点

◎社会福祉制度は，厚生労働省を中心にして各地方行政が担っている。社会福祉基礎構造改革などにより，福祉サービスの利用方法は，行政が決定する措置制度から，利用者が決定する契約制度へと大きく変化した。

キーワード

厚生労働省　措置制度　契約制度　第三者評価

3．社会福祉を支えるための法制度

要 点

◎社会福祉を支える法制度は，日本国憲法の理念を実現するために設けられ，「社会福祉サービスを運営するための法令」と「具体的な支援を行うための法制度」に大別される。また，今日の社会福祉法は，社会福祉基礎構造改革により抜本的改革が行われたものであり，利用者主体の福祉制度への大きな転換がみられた。

キーワード

日本国憲法　セーフティネット　社会福祉審議会　生活保護法　社会福祉法
社会福祉法人　社会福祉基礎構造改革　福祉関係八法　地域福祉　権利擁護
利用者主権

■ 1．私たちの生活を支える社会保障制度

　私たちは，安心して生活をしていくために，衣・食・住や健康面，経済的活動としての労働活動，生活の充実感を得るための学習や余暇活動など，多くの面において充足される必要がある。日本国民を対象とした社会保障制度は，第二次世界大戦後に，「日本国憲法」が制定されたことを契機として急速に整備されてきた。国の諮問機関である社会保障審議会による1950（昭和25）年の勧告に基づき，社会保障とは「国民の生活の安定が損なわれた場合に，国民に健やかで安心できる生活を保障すること」，つまり，日本国憲法に定める「最低限度の生活保障」として社会保障に関する取り組みが実施されてきた。

　さらに，1995（平成７）年に，社会保障制度審議会の勧告書「社会保障体制の再構築（勧告）〜安心して暮らせる21世紀の社会をめざして〜」では，社会保障制度の新しい理念として，「21世紀に向けて社会保障体制を充実させるためには，はっきりと，広く国民に健やかで安心できる生活を保障することを，社会保障の基本的な理念として掲げなければならない」としている。

　また，2019（令和元）年に設置された全世代型社会保障検討会議において，「人生100年時代の到来を見据えながら，お年寄りだけではなく，子供たち，子育て世代，さらには現役世代まで広く安心を支えていくため，年金，労働，医療，介護，少子化対策など，社会保障全般にわたる持続可能な改革」について検討し，「全世代で支え合い，人口減少・超高齢社会の課題を克服する」と題した報告書が2022（令和４）年に公開され，目指すべき社会の方向や，全世代型社会保障の基本理念，全世代型社会保障の構築に向けての取り組みなどが示され，子ども・子育て支援の充実，働き方に中立的な社会保障制度等の構築，医療・介護制度の改革，地域共生社会の実現など各分野における取り組みが示された。

　日本の社会保障制度は，疾病や失業，労働災害，退職などで生活が不安定となったときに，健康保険や社会福祉制度などに基づく公的な仕組みを活用し，健やかで安心な生活を保障することを目的としており，生活の安定や向上を目

指す機能，所得再分配としての機能，経済安定機能などを有している。

（1）社会保障の概念

　日本の社会保障制度は，社会保険，公的扶助（生活扶助），公衆衛生および保健医療，社会福祉の４つの柱をもとに構成されており，社会保障は「社会保険」「社会福祉」「公的扶助」「公衆衛生・保健医療」の上位概念として位置づけられている（表３−１）。

　社会保障制度は「ゆりかごから墓場まで」といわれるように，誕生から死を迎えるまでのすべての年代においてかかわりのある制度であり，社会保障制度

表３−１　日本の社会福祉制度の仕組み

	種　類	目　　的	主な取り組み
日本の社会保障制度	①社会保険（年金・医療・介護）	国民が病気，けが，出産，死亡，老齢，障害，失業など生活を行う上での困難をもたらすいろいろな事故に出あった場合に一定の給付を行い，国民の生活水準の保障やその生活の安定を図ることを目的とした制度で，国民が強制加入となっている保険制度。個人と会社等が保険料を支払い，病気になったり高齢になったりしたときなどに給付を受けることができる。	１．医療保険（健康保険，国民健康保険など）２．介護保険３．年金保険（国民年金，厚生年金，共済年金など）４．雇用保険５．労働災害保険
	②社会福祉	高齢者や障害者，小さな子どものいる家庭，母子家庭など，社会生活をする上でさまざまな障壁（ハンディキャップ）を負っている国民が，その障壁を克服して，安心して社会生活を営めるよう，公的な支援を行う制度で，対象者別に支援する内容が整っている。	１．障害者福祉２．老人福祉３．児童福祉４．母子・父子・寡婦福祉
	③公的扶助	生活に困窮する国民に対して，生活費や教育費などを支給し，最低限度の生活を保障し，自立を支援するための制度。	１．生活保護（生活や教育，住宅，医療などに関する扶助制度がある）
	④保健医療・公衆衛生	国民が健康に生活できるよう，さまざまな事項についての予防，衛生面などの管理を目的とした制度で，国民の健康維持・向上，疾病や感染症の予防などを行う	１．感染症予防２．予防接種３．上下水道の整備

（出典）厚生労働省労働政策レポート（戦後社会保障制度史）などをもとに筆者作成

図３－１　私たちの生活を支えている社会保障制度
（出典）厚生労働省編：平成29年版厚生労働白書，2017，p.8

のあり方が私たちの生活の満足度を左右すると言っても過言ではないくらい大切な制度である（図３−１）。

（２）社会保障の役割と機能

社会保障制度には，個人の力だけでは備えることに限界がある生活上のリスクに対して，社会全体で国民の生涯にわたる生活を守るという役割がある。

そのため，社会保障には次のような機能が求められている。

１）生活の安定・向上機能

生活のリスクに対応し，国民生活の安定を実現するものである。

２）所得の再分配機能

社会全体で低所得者の生活を支えるものである。 社会保障制度の財源である税や社会保険料の多くは所得に応じて額が決められており，所得の高い人がより多くの税や保険料を拠出するようになっている（累進課税）。所得の格差を緩和する効果があり，低所得者は，より少ない税・保険料負担で社会保障の給付を受けることができる。

３）経済の安定機能

経済変動の国民生活への影響を緩和し，経済を安定させる機能である。

（３）社会保険制度の概要

私たちは日々の生活において，いつ病気や不慮の災害や失業などに遭遇するかわからない。そうしたときに生活の安定性を失わないようにするため，国が運営する保険制度がある。国が直接管理運営するため公的保険制度といわれ，一定の条件に該当する場合には該当者全員の強制加入を前提としている。

公的保険制度には，健康保険や厚生年金保険，介護保険，労働災害保険，雇用保険などがあり，一般的には社会保険といわれる場合がある。

社会保険は，人を雇用している事業所では規模の大小にかかわりなく加入が義務づけられている。雇用されていない自営業や無職などの場合には市町村の運営する国民健康保険や国民年金制度への加入が義務づけられている。

表３－２　健康保険制度の概要

制　度　（制度の対象者）		負担割合	加入者対象者（被保険者）
健康保険制度	全国健康保険協会管掌	3割	中小企業従業員対象
	保険組合管掌		組合に加入する大企業従業員
	旧日雇		日雇労働者
船員保険制度			船員
共済組合制度	国家公務員		国家公務員等
	地方公務員等		地方公務員等
	私学教職員		私立学校教職員
国民健康保険制度	市町村		自営業，農林水産業，無職
	国保組合		組合加入業者
後期高齢者医療制度		1割（現役並所得3割）	後期高齢者

1）健康保険

　日本の健康保険制度は大きく分けて，事業所等に勤務するものを対象とした保険制度と自営業者等を対象とした保険制度がある（表３－２）。

　健康保険は各事業所に勤務するすべての従業員を加入対象としており，加入する従業員やその家族に病気やけが，分娩などが発生した場合などに医療費や手当金の給付を行うものである。保険への加入費用は，雇用する事業者と加入者が２分の１ずつ支払うこととなっている。自営業や仕事に就いていない人の加入する国民健康保険については，全額自費負担が原則となっている。

2）年金保険制度

①　公的年金制度

　年金制度の目的について国民年金法には次のように示されている。「国民年金制度は，日本国憲法第25条第２項に規定する理念に基き，老齢，障害又は死亡によつて国民生活の安定がそこなわれることを国民の共同連帯によつて防止し，もつて健全な国民生活の維持及び向上に寄与することを目的とする」（第１条）。そのために，「国民年金は，前条の目的を達成するため，国民の老齢，障害又は死亡に関して必要な給付を行うものとする」（第２条）と年金の給付が行われる要件についても示されている。さらに「国民年金事業は，政府が，管掌する」（第３条）とも示されており，「公的年金制度」といわれる。

　公的年金制度は，さまざまな生活上の困難が発生したときに，生活上の安定を支えるために設けられている。将来のリスクに対して，世代を超えて社会全体で支え合い，生涯を通じた保障を実現するために必要な制度である。

② 公的年金制度の仕組み

　公的年金制度は，「世代間の支え合い」という考え方（賦課方式）を基本として，年金受給者が支払ってきた保険料と，現在働いている世代（現役世代）が支払う保険料を原資に，高齢者などの年金給付金に充てるものである。「国民皆年金」という特徴をもっており，20歳以上のすべての人が共通して加入する国民年金と，会社員が加入する厚生年金，企業年金や個人年金などによる，いわゆる「３階建て」と呼ばれる構造になっている（図３−２）。

　年金制度を利用するためには，勤務する事業所や住民票のある区や市町村の保険組合に加入する必要がある。保険組合の加入者は「被保険者」といわれる

・現役世代は全て国民年金の被保険者となり，高齢期となれば，基礎年金の給付を受ける。（１階部分）
・会社員や公務員等は，これに加え，厚生年金保険に加入し，基礎年金の上乗せとして報酬比例年金の給付を受ける。（２階部分）
・また，希望する者は，iDeCo（個人型確定拠出年金）等の私的年金に任意で加入し，さらに上乗せの給付を受けることができる。（３階部分）

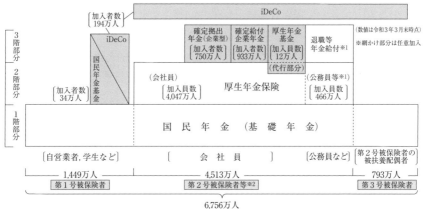

図３−２　年金制度の仕組み
（出典）厚生労働省ホームページ

表３−３　保険組合の加入者

a）第１号被保険者	日本国内に住む20歳以上60歳未満の人は，全て国民年金の被保険者となる。このうち，自営業者，学生，厚生年金が適用されていない被用者，無職者など，第２号被保険者や第３号被保険者とならない人は全て第１号被保険者として扱われる。
b）第２号被保険者	70歳未満の会社員，国・地方公共団体の公務員や私立学校の教職員は，厚生年金の被保険者となると同時に，国民年金の第２号被保険者として扱われる。
c）第３号被保険者	厚生年金の被保険者（第２号被保険者）に扶養されている20歳以上60歳未満の配偶者（夫又は妻）は，国民年金の第３号被保険者となる。配偶者には事実上の婚姻関係にある人も含まれる。 扶養の要件については，年収が130万円未満であり，かつ，配偶者の年収の２分の１未満であることとされている。
d）任意加入被保険者	上記のいずれの種別にも属していない人のうち，①日本国内に住む60歳以上65歳未満の人，②日本国籍を有し，日本国内に住所のない20歳以上65歳未満の人等は，申出により，国民年金の任意加入被保険者となることができる。

（表３−３）。自営業者など国民年金のみに加入している人（第１号被保険者）は，毎月定額の保険料を自分で納め，会社員や公務員で厚生年金や共済年金に加入している人（第２号被保険者）は，毎月定率の保険料を会社等と折半で負担し，保険料は毎月の給料から自動的に引きおとされる。専業主婦など扶養されている人（第３号被保険者）は，厚生年金制度などで保険料を負担しているため個人としては保険料を負担する必要はない。

　年金を受給可能な年齢になるとすべての人が老齢基礎年金を，厚生年金などに加入していた人は，それに加えて老齢厚生年金等を受け取ることができる。

　公的年金制度は，基本的に日本国内に住む20〜60歳のすべての人が保険料を納め，その保険料を高齢者（原則65歳以上）などへ給付する仕組みである。

３）介護保険制度

１　介護保険制度導入の背景

　国内の高齢化の進展に伴い，要介護高齢者が増加するとともに，介護期間の長期化など等が顕著となり介護ニーズが増大した。さらに，これまで家族内で取り組まれてきた要介護高齢者の介護が，核家族化の進行や，介護する家族の高齢化などにより困難となるなど社会状況の変化が表面化してきたが，従来の老人福祉・老人医療制度による対応には限界があったため，新たに高齢者の介

護を社会全体で支え合う仕組みとして，介護保険制度が創設された。

② 介護保険制度の基本

　介護保険制度は，介護を要する高齢者の介護だけではなく，その自立を支援することを理念とすること（自立支援），利用者の選択により，多様な主体から保健医療サービス，福祉サービスを総合的に受けられる制度であること（利用者本位），介護費用は給付と負担の関係が明確となるよう社会保険方式を採用することなどを基本としている。介護保険制度の被保険者は40歳以上の国民で，第1号被保険者（65歳以上の者）と第2号被保険者（40〜64歳の医療保険加入者）となっている。介護保険のサービスは，65歳以上の者は原因を問わず要支援・要介護状態となったときに利用できる。40〜64歳の者は末期がんや関節リウマチ等，国の定める老化等による病気が原因で要支援・要介護状態になった場合に受けることができる（介護保険制度の詳細は第8章を参照）。

4）その他の保険制度

① 労働者災害補償保険（労災保険）

　業務上の原因により病気やけがなどを被る場合がある。病気や事故にあって業務に就けなくなり収入の途が閉ざされると，治療ができないばかりか生活が困難となってしまう。このようにして必要な治療費の給付や収入がなくなった場合に，休業補償給付などの経済的保障を行う制度である。また，病気やけがが治った後，身体に後遺症として障害が残ったときには，障害の程度に応じて年金または一時金の支給や，不幸にして死亡したときには遺族に対して年金などが支給される。通勤途上で発生した事故に伴う病気やけがなどについては業務上の災害として扱い，労災保険から必要な保険給付が行われる。

　労災保険は従業員全員の強制加入が原則で，保険料は使用者（雇用主）が負担する。なお，自営業等の場合には加入することができない。

② 雇 用 保 険

　雇用保険は，労働者が失業したときに，次の仕事がみつかるまでの一定期間，求職者給付金などを支給し，その間の生活の安定を図るための求職者給付や再就職を促進するための就職促進給付などがある。雇用保険は原則としてすべての事業所に加入が義務づけられ，自営業等の場合には加入はできない。

２．社会福祉制度の概要

　高齢や障害，小さな子どものいる家庭，ひとり親家庭などの中には，社会生活をしていく上でさまざまな障壁（ハンディキャップ）を負っている人々がいる。その障壁を克服して，安心して社会生活を営むことができることを目的とした取り組みとして社会福祉制度がある。

（１）社会福祉行政の仕組み

　わが国の社会福祉行政は厚生労働省を中心に構成されており，社会福祉関係の「部局」がそれぞれの領域を担当している2023（令和５）年４月には「こども基本法」の施行に伴い子ども・子育て政策を強化するため，新たに「こども家庭庁」が内閣府に設置された（詳細は第４章参照）。

　厚生労働省を中心とした実際の社会福祉施策の多くは，地方行政の中で行われている。都道府県には，地方自治法の規定により，社会福祉を所管する部局が設けられており，その下に位置する各福祉領域を所管する課（例：児童福祉課，高齢福祉課，介護支援課など）が，それぞれ住民に対する福祉サービスを担っている。また，市区町村においても，同様の部局構成がとられているほか，政令指定都市や中核市においては都道府県とほぼ同等の権限を与えられていることから，組織もほぼ同様の構成となっている。

　なお，実際のサービス供給については，近年は公立施設の独立行政法人化や管理組合委託，民営化などが進められ，社会福祉法人やNPO法人，株式会社等の民間の手によって，その大部分がなされている。

（２）社会福祉制度の利用方法

１）措置制度と契約制度の違い

　わが国の社会福祉制度は，行政が法律に基づいてサービスの利用を決定する「措置制度」が採用されてきた。介護保険法や社会福祉法の改正などを踏まえ措置制度の見直しが行われ，一部を残して「契約制度」へ移行している。

　措置制度は，福祉サービスの利用を希望する者についてサービス利用要件を満たしているかを行政が判断し，行政の権限によってサービス受給の可否を決定する方式で，行政処分として行われてきた。そのため利用者は，実際に利用する施設（サービスの供給事業者を含む）を選択することはできず，また施設側としても，利用者ではなく措置権限を有する行政機関の意向にそうことが多いことから，利用者の意思の尊重や権利擁護の観点だけではなく，施設の運営管理のあり方などを含め問題点が指摘されていた。

　利用契約制度の場合，利用者は，サービス供給者を自ら選択し，利用のための説明を受け，納得の上で利用契約を結ぶことになり，施設側には利用者の希望するサービスを提供する責任が発生する。

２）契約制度の課題

　契約制度の大きな特徴は「（サービス提供事業者を）自らが選択する」ことにあるが，そのための環境が整備されているとはいい得ない現実がある。また，利用者自らがサービスを選択しようとしても，利用者自身のもつ情報量と行政機関やサービス供給者側のもつ情報量には大きな差があり，利用者にとって本当に必要なサービスが選択できていない場合もある。「利用者のためを思って」選択されたサービスが利用者側に受け入れられず，結果的に，利用者の希望にそったサービスの提供ができないこともある。

　また，「障害者の日常生活及び社会生活を総合的に支援するための法律（障害者総合支援法）」に基づく障害児福祉サービスの場合，実際の利用者は子どもであるがサービスの選択は親（保護者）が行う場合が多い。そのため，親の理解度や認識の差が子どもが利用できるサービスの違いにつながる場合もある。措置制度下であれば，専門家側の見立てによって子どもの最善の利益にかなう方策の選択が可能であったが，利用契約制度のもとでは限界がある。

（３）社会福祉の品質保証，福祉サービスと第三者評価

　福祉サービス利用者は，必ずしも必要十分な判断能力を備えているとは限らない。そのため，単に情報開示されているだけでは利用者にとって不十分である。専門的な視点で確認・整理され，一般市民に理解されやすい形で情報が公

開されていること，あるいは，適切なチェック機能が働いていることが重要で
あることから，「福祉サービス第三者評価制度」と利用者からの第三者による
苦情処理システム委員会等の設置と公表が必要となった。

　同評価は，「社会福祉法」第78条で規定されているもので，当事者以外の公
正中立な評価者（評価機関）によってなされ，評価結果は，事業者の同意を得
た上でホームページ等で公開されている。同評価は，しばしば行政機関によ
る「指導監査」と混同されがちであるが，指導監査は法令が遵守されているか
（基準をクリアしているか）をチェックするのに対し，第三者評価は「よりサー
ビスを向上させる」ことを意図しており，性格を異にするものである。

　なお，同評価の受審は任意であるが，2012（平成24）年度より，児童養護施
設などでは３年に一度の受審が義務化されている。これは，児童養護施設など
は主として措置制度により運営されており，利用者（入通所する子ども）に対
し，より充実した福祉サービスを責任もって提供するためである。

　また，保育所においても，2015年（平成27）年度より第三者評価の受審が努
力義務化された。契約制度を基本としてはいるものの，特に都市部においては
待機児童問題の発生から競争原理が働きにくく，自主的・自発的な質の向上に
期待することには限界がある。保育の質を適正に評価し，市民に公開していく
ことで，広く社会の理解を得る努力が必要だといえよう。

3．社会福祉を支えるための法制度

　社会福祉の活動は，関係する多くの法令によって形づくられているが，法律
があっても私たちが安心して生活できる環境ができるわけではなく，実現する
ためには，地域や福祉現場でのさまざまな実践活動が不可欠となる。社会福祉
に関連する法制度の大まかな体系について述べることとする。

（1）日本国憲法
　わが国における社会福祉関連法制は，「日本国憲法」にその根拠を求めるこ
とができる。第13条「幸福追求権」や，第14条「平等権」などがあるが，中で

も第25条は「生存権規定」と呼ばれ，セーフティネットとしての社会福祉（と関連法）の，具体的根拠となる条文である（第1章参照）。

（2）社会福祉関連の法制度

　前述の日本国憲法の理念を具現化するために，社会福祉関連の法制度が設けられている。法制度の考え方として，「具体的な支援を行うための法制度」と「社会福祉サービスを運営するための法制度」とに大別することができる。日本の社会福祉各分野には表3－4に示すような法制度が整備されている。

1）具体的な支援を行うための法制度

　社会福祉に関する法制度は社会におけるさまざまな課題に対応するためにつくられており，具体的な支援を行うための法制度としては生活保護法や児童福祉法，介護保険法，障害者総合支援法など，福祉分野ごとに基幹となる法制度が整備されており，利用者等のニーズの変化に応じて法制度の改正が行われている。社会福祉が対応する課題は，私たちの社会を構成するさまざまな制度と関連し，影響を受けている。社会福祉に関する法制度が整備されても法のみですべての課題を解決できるものではない。

2）社会福祉サービスを運営するための法制度

　社会福祉サービスの利用者の利益の保護および地域における社会福祉の推進，社会福祉事業の公明かつ適正な実施の確保，社会福祉を目的とした法制度としては，「社会福祉法」（2000（平成12）年）がある。

　社会福祉法は「社会福祉事業法」を改正する形で制定され，社会福祉協議会や社会福祉法人，社会福祉施設のほか，社会福祉審議会や福祉事務所など，社会福祉に関する全体的な共通事項が定められており，これまで自治体や社会福祉法人にのみ許されていた各種福祉サービスについて，民間企業やNPO法人なども参入できるようになった。その結果サービス供給量が増え，必然的にサービス供給者同士の競争が働き，質の向上につながることが期待された。また，行政が決定した内容に従ってサービスを受ける「措置制度」が改められ，利用者がサービスを選択し，利用契約を結ぶ「契約制度」が導入された。これにより，福祉サービスを「受ける」立場から福祉サービスを「利用する」立場

表３－４　日本の社会福祉関連の主な法制度

社会福祉の分野	主な法律（制定年）
生活扶助制度に関する法律	・生活保護法　1950（昭和25）年 ・生活困窮者自立支援法　2013（平成25）年
子どもの福祉制度に関する分野	・児童福祉法　1947（昭和25）年　・児童手当法　1971（昭和46）年 ・児童扶養手当法　1961（昭和36）年 ・特別児童扶養手当等の支給に関する法律　1964（昭和39）年 ・児童虐待の防止等に関する法律　2000（平成12）年 ・子ども・子育て支援法　2012（平成24）年 ・就学前の子どもに関する教育，保育等の総合的な提供の推進に関する法律（認定こども園法）　2015（平成27）年 ・子どもの貧困対策の推進に関する法律　2013（平成25）年 ・こども基本法　2022（令和４）年
母子の福祉制度に関する分野	・母子及び父子並びに寡婦福祉法　1964（昭和39）年 ・母子保健法　1965（昭和40）年 ・配偶者からの暴力の防止及び被害者の保護等に関する法律　2001（平成13）年 ・困難な問題を抱える女性への支援に関する法律　2022（令和４）年 ・医療的ケア児及びその家族に対する支援に関する法律　2021（令和３）年 ・民間あっせん機関による養子縁組のあっせんに係る児童の保護等に関する法律　2016（平成28）年
高齢者の福祉制度に関する分野	・老人福祉法　1963（昭和38）年 ・高齢者の医療の確保に関する法律　1982（昭和57）年 ・高年齢者等の雇用の安定等に関する法律　1971（昭和46）年 ・介護保険法　1997（平成９）年 ・高齢者虐待の防止，高齢者の養護者に対する支援等に関する法律　2017（平成29）年
障害児・者の福祉制度に関する分野	・児童福祉法　1947（昭和25）年　・障害者基本法　1970（昭和45）年 ・身体障害者福祉法　1949（昭和24）年 ・知的障害者福祉法　1960（昭和35）年 ・精神保健及び精神障害者福祉に関する法律　1950（昭和25）年 ・障害者の日常生活及び社会生活を総合的に支援するための法律（障害者総合支援法）　2005（平成17）年 ・発達障害者支援法　2004（平成16）年 ・障害者の雇用の促進等に関する法律　1960（昭和35）年 ・障害者虐待の防止，障害者の養護者に対する支援等に関する法律　2011（平成23）年 ・障害を理由とする差別の解消の推進に関する法律　2013（平成25）年
勤労者の福祉に関する分野	・雇用の分野における男女の均等な機会及び待遇の確保等に関する法律　1972（昭和47）年 ・育児休業，介護休業等育児又は家族介護を行う労働者の福祉に関する法律　1991（平成３）年
福祉サービスの提供等に関する分野	・社会福祉法　1951（昭和26）年 ・民生委員法　1948（昭和23）年

へと転換がなされ，サービス供給者と利用者との対等な立場が形成された。しかしながら，福祉サービスを利用する（しようとする）人々は，何らかの支援を必要とする社会的弱者であり，情報弱者であることがほとんどである。

　そのため，利用者の適切な自己選択・自己決定に資するために，各福祉施設の業務内容に関する情報公開や第三者による評価制度の導入，福祉サービスの利用者の権利を守るための地域福祉権利擁護事業（現，日常生活自立支援事業）や成年後見制度など，判断能力や生活能力の不安を補う各種法制度の整備や具体的な取り組みが示された。

（3）社会福祉基礎構造改革と社会福祉法

　わが国の戦後の社会福祉制度は，多くの改正を経て現在に至っている。しかし，少子化や高齢社会・超高齢社会を迎え社会福祉に対する要望が急増し，戦後つくられてきた福祉制度では質・量，必要な財源ともに対応することが困難となり，今後を見据えた福祉制度のあり方が検討されることなった。

　旧厚生省は「社会福祉基礎構造改革」の報告を1998（平成10）年に発表，報告書の提言を踏まえ，社会福祉制度の基本的な枠組みを定めている「社会福祉事業法」を「社会福祉法」と名称を改め制定し，社会福祉関係法令および制度の改正に着手した。

　同改革は，「サービスの利用者と提供者との間の対等な関係の確立」や「利

表3－5　社会福祉基礎構造改革で掲げられた基本的方向性

① サービスの利用者と提供者との間の対等な関係の確立
② 利用者本位の考え方に基づく利用者の多様な需要への地域での総合的な支援
③ 利用者の幅広い需要に応える多様な主体の参入促進
④ 信頼と納得が得られるサービスの質と効率性の向上
⑤ 情報公開などによる事業運営の透明性の確保
⑥ 増大する社会福祉のための費用の公平かつ公正な負担
⑦ 住民の積極的かつ主体的な参加による地域に根ざした個性ある福祉文化の創造

（出典）厚生省中央社会福祉審議会社会福祉基礎構造改革分科会：社会福祉基礎構造改革について（中間まとめ），1998

用者本位の考え方に基づく利用者の多様な需要への地域での総合的な支援」などの７項目を基本的な方向性として定め（表３－５），それをもとに「社会福祉事業の増進」「質と効率性の確保」「地域福祉の確立」という具体的目標を掲げ，日本の社会福祉の改革を進めることとなった。

（４）利用者主体の福祉制度への転換

　社会福祉基礎構造改革は，福祉におけるサービスの利用者側と供給者側の関係を大きく転換させるものであった。それまでの措置制度下では，福祉サービスを利用する場合，「利用する者」というよりも「利用させてもらう者」として考えられ，自分自身の希望があっても自己選択や自己決定して主体的に「利用する」のではなく，市町村や児童相談所などの決定（行政処分）により利用が決定しており，福祉を「サービス」としてとらえるのではなく，ある種の「恩恵」「施し」としてとらえ，「恵まれない人々への救済」という色彩が強いものであった。

　人はそれぞれに望む生き方があり，必要とする支援も異なっている。国際的なノーマライゼーション思想の広まりなどもあり，日本の福祉制度は「利用者が主体となり，選択し，適切なサービスを利用していくことこそ，福祉の理想の形である」との考え方から，福祉サービスの利用者を主体者としてとらえる制度へと，大きく転換することとなった。

　「社会福祉法」成立の５年後，2005（平成17）年には「障害者の日常生活及び社会生活を総合的に支援するための法律（障害者総合支援法）」が制定され，措置制度ではなく，利用希望者の選択による利用契約制度が導入された。

■参考文献
・松本峰雄編著：四訂 子どもの福祉，建帛社，2020
・山縣文治ほか監修：ワイド版 社会福祉小六法2019，ミネルヴァ書房，2019
・厚生労働省編：平成30年版厚生労働白書，2018
・「社会保障体制の再構築（勧告）～安心して暮らせる21世紀の社会をめざして～」
　平成７年（1995）社会保障制度審議会

第4章

社会福祉の行財政と実施機関

●●● アウトライン ●●●

1. 社会福祉行政

要点

◎社会福祉に関する国の行政機関は，厚生労働省とこども家庭庁である。厚生労働省の組織は，大臣官房と10の局，人材開発および生活統括官に分かれ，社会保障や保健・医療・福祉分野の政策に関する企画・立案を行っている。こども家庭庁は，企画立案・総合調整を行う部門として長官官房と成育局と支援局および国立児童自立支援施設がおかれている。

◎都道府県，市町村の地方自治体は地域住民の福祉ニーズを把握し，福祉計画を策定する。そして，福祉サービスを提供する。

キーワード

厚生労働省　こども家庭庁　地方自治体

2. 社会福祉の実施機関

要点

◎社会福祉の行政機関は，福祉事務所や児童相談所などがある。

◎民間の団体や機関としては，社会福祉法人や社会福祉協議会，特定非営利活動法人（NPO法人）などがある。

キーワード

福祉事務所　児童相談所　身体障害者更生相談所　知的障害者更生相談所
婦人相談所　精神保健福祉センター　社会福祉法人　社会福祉協議会
特定非営利活動法人（NPO法人）

3. 社会福祉財政と費用負担

要点

◎社会保障給付費は，131兆円にも達している。今後も人口の減少，さらなる高齢化により社会保障に関する費用は増大していく。

◎社会福祉サービスの利用負担には，応益負担と応能負担がある。

◎福祉サービスの利用方法は，措置方式，子ども・子育て支援方式，自立支援給付方式，介護保険方式がある。

キーワード

社会保障給付費　応益負担　応能負担　措置方式　子ども・子育て支援方式
自立支援給付方式　介護保険方式

1. 社会福祉行政

（1）社会福祉行政の仕組み

　国と地方自治体による社会福祉の実施体制は，図4－1に示した[1]。

1）国の役割と組織

　社会福祉に関する国の行政機関は厚生労働省であり，戦後，社会福祉行政を担ってきた。2023（令和5）年に発足したこども家庭庁は，政府の子ども政策を束ねる司令塔の役割を担う。

2）地方自治体の役割と組織

　都道府県，政令指定都市の役割は，市町村の後方支援が主になってくる。特に，市町村より広域で行うべき業務である社会福祉法人や社会福祉施設の指導や監督，児童相談所や各更生相談所の設置などがある。そして，補助金の分配なども重要な業務である。

　市町村の役割は，地域住民の福祉ニーズを把握し，福祉計画を策定することである。一例をあげれば，障害者の在宅や外出の支援，高齢者のシルバーパスの配布や長寿のお祝い，乳幼児の予防接種や妊娠中の相談など，より住民に近い福祉サービスを提供することである。

（2）国の行政機関

1）厚生労働省

　厚生労働省には，行政を統括する大臣官房と10の局および人材開発統括官，政策統括官がおかれている（表4－1）。社会福祉関係部局は，社会・援護局（障害保健福祉部），老健局がある。

　社会・援護局（障害保健福祉部）は，社会福祉の各分野に共通する基盤制度の企画や運営（社会福祉法人制度や社会福祉事業者の確保，ボランティア活動など），障害者の自立と社会参加などに関する政策の企画立案および事務をつかさどっている。

　老健局は，高齢者が住み慣れた地域で安心した暮らしが送れるよう，介護保

```
                              ┌──────┐
                              │  国  │
                              └──────┘
┌─────────────────────────┐        ┌──────────────────┐
│民生委員・児童委員(231,111人)│        │  社会保障審議会    │
│    (令和4年3月現在)       │   ┌────────────────────┐ └──────────────────┘
└─────────────────────────┘   │都道府県(指定都市,中核市)│
┌─────────────────────────┐   │・社会福祉法人の認可,監督 │
│身体障害者相談員(6,507人)   │   │・社会福祉施設の設置認可,│
└─────────────────────────┘   │ 監督,設置          │
┌─────────────────────────┐   │・児童福祉施設(保育所除く)へ│
│知的障害者相談員(3,035人)   │   │ の入所事務         │
│    (令和4年4月現在)       │   │・関係行政機関及び市町村への│  ┌──────────────────┐
└─────────────────────────┘   │ 指導等            │  │地方社会福祉審議会     │
                              └────────────────────┘  │都道府県児童福祉審議会   │
                                                       │(指定都市児童福祉審議会) │
                                                       └──────────────────┘
```

身体障害者更生相談所	知的障害者更生相談所	児童相談所	婦人相談所
・全国で78か所 （令和5年4月現在） ・身体障害者への相談,判定,指導等	・全国で88か所 （令和5年4月現在） ・知的障害者への相談,判定,指導等	・全国で225か所 （令和3年4月現在） ・児童福祉施設入所措置 ・児童相談,調査,判定,指導等 ・一時保護 ・里親委託	・全国で49か所 （令和4年4月現在） ・要保護女子及び暴力被害女性の相談,判定,調査,指導等 ・一時保護

都道府県福祉事務所	市
・全国で205か所（令和5年4月現在） ・生活保護の実施等 ・助産施設,母子生活支援施設への入所事務等 ・母子家庭等の相談,調査,指導等 ・老人福祉サービスに関する広域的調整等	・社会福祉法人の認可,監督 ・在宅福祉サービスの提供等 ・障害福祉サービスの利用等に関する事務 **市福祉事務所** ・全国で999か所（令和5年4月現在） ・生活保護の実施等 ・特別養護老人ホームへの入所事務等 ・助産施設,母子生活支援施設及び保育所への入所事務等 ・母子家庭等の相談,調査,指導等

町村
・在宅福祉サービスの提供等
・障害福祉サービスの利用等に関する事務

町村福祉事務所
・全国で47か所（令和5年4月現在）
・業務内容は市福祉事務所と同様

福祉事務所数 （令和5年4月現在）		
	郡部	205
	市部	999
	町村	47
	合計	1,251

図4-1　社会福祉の実施体制

（出典）厚生労働省編：令和5年版厚生労働白書　資料編，p.194

表4-1　厚生労働省の組織

大臣官房	厚生労働省の舵取り役
医政局	高齢化，疾病構造の変化など21世紀の医療に適した政策の企画立案を行う
健康局	保健所などを通じた地域保健の向上，各種感染症，生活習慣病など健康の増進のため，政策の企画立案を行う
医薬・生活衛生局	医薬品や医療機器，食品などの安全と快適な生活環境の確保を目指した政策の企画立案を行う
労働基準局	労働者が意欲にあふれ，健康で安心して働ける環境づくりを目指した政策の企画立案を行う
職業安定局	雇用の創出・安定や雇用不安をなくすための企画立案を行う
雇用環境・均等局	性別や働き方に関係なく，働く人全員が活躍できる環境づくりのため，政策の企画立案を行う
社会・援護局 （障害保健福祉部）	利用者本位の社会福祉制度の推進と戦傷病者，戦没者遺族等への援護，障害者の自立と社会参加を目指した政策の企画立案を行う
老健局	高齢者が住み慣れた地域で介護サービスを使って安心して暮らせるよう，福祉施策の企画立案を行う
保険局	国民が安心して医療を受けられるように，医療保険制度および後期高齢者医療制度に関する企画立案を行う
年金局	厚生年金や国民年金等の公的年金制度，企業年金等に関する企画立案を行い，世代を超える支え合いを推進する
人材開発統括官	働く人のスキルアップのため，公的職業訓練や技能検定の実施など，明日を拓く人を創る
政策統括官	総合的・基本的な政策の策定・政策評価・人と暮らしの情報基地
施設等機関	国立医薬品食品衛生研究所，国立保健医療科学院，国立社会保障・人口問題研究所，国立感染症研究所
	国立ハンセン病療養所（13か所），検疫所（13か所）
	国立児童自立支援施設（2か所），国立障害者リハビリテーションセンター（6か所）

（出典）厚生労働省ホームページより筆者作成

険制度をはじめとする高齢者介護・福祉施策の企画立案および事務をつかさどっている。

2）こども家庭庁

　こども家庭庁は，企画立案，総合調整を行う部門として，長官官房と成育局と支援局および国立児童自立支援施設がおかれている（表4-2）。

表４−２　こども家庭庁の組織

長官官房	子どもや若者の意見を聴き，子ども政策全体の企画立案，地方自治体や民間団体との協力など全体の取りまとめを行う。
成育局	妊娠や出産の支援，就学前の子どもの育ちの保障，小中高生の居場所づくり，性的被害や事故の防止など子どもの育ちをサポートする。
支援局	児童虐待防止対策の強化や貧困対策，ひとり親家庭や障害のある子どもの支援など，特に支援が必要な子どもをサポートする。
施設機関等	国立児童自立支援施設（２か所）

（資料）こども家庭庁ホームページより筆者作成

（３）地方自治体による社会福祉行政

　福祉行政を主に担っているのは，市町村である。このことは，1993（平成５）年４月に，老人福祉および身体障害者福祉の施設入所事務等が都道府県から市町村へ移譲されたことや，2003（平成15）年４月には知的障害者福祉の施設入所事務等が同じく市町村に移譲されたことからもわかる。

　市町村における福祉行政は，地域住民の福祉ニーズを把握し，高齢者，障害者，児童福祉などの相談やサービスの紹介を行い，保育所の入所，児童扶養手当や生活保護などの各種申請や受付も行っている。

　都道府県の福祉行政は地方自治法第５条第２項に「市町村を包括する」とあるように，規模や業務上の性格から市町村が処理することが適当でないものを担当することになっている。専門的なサービス提供機関としては，福祉事務所，児童相談所，身体障害者更生相談所，知的障害者更生相談所，婦人相談所，精神保健福祉センターなどである。なお，政令指定都市は，都道府県の福祉行政を担うこととされ，児童相談所は必置となっている。

２．社会福祉の実施機関

（１）社会福祉の行政機関（福祉事務所）

　社会福祉にかかわる主な行政機関は，社会福祉法第14条に規定されている「福祉に関する事務所」である。このいわゆる福祉事務所は，都道府県と市に設置が義務づけられているが，町村に関しては任意設置となっている。

　市および任意で設置した町村の福祉事務所は，社会福祉六法（生活保護法，児童福祉法，身体障害者福祉法，知的障害者福祉法，老人福祉法，母子及び父子並びに寡婦福祉法）に定める社会福祉全般にわたる業務を担っている。

　都道府県の福祉事務所では，福祉三法（生活保護法，児童福祉法，母子及び父子並びに寡婦福祉法）の業務を担っている。

　福祉事務所は生活保護行政を担っているイメージが強いが，「家庭児童相談室」が設置され，子どもに関する身近な相談機関としての役割も担っている。また，虐待を疑われる場合の通告先になっている（「児童虐待の防止等に関する法律」第6条）ため，児童相談所と連携をとり業務にあたることもある。

（2）相談機関

1）児童相談所

　児童相談所は，児童福祉法第12条に基づき設置された児童福祉行政の第一機関である。都道府県と政令指定都市には設置が義務づけられ，中核市と特別区にも設置することができる。

　児童相談所は，最近では虐待対応をする機関というイメージがあるがその業務の幅はひじょうに広い。相談内容は，養護相談，障害相談，育成相談，非行相談，保健相談，これらのいずれにも属さないその他の相談もあり，里親への措置を行う機関としての業務も行っている。また，児童相談所には一時保護所が併設されているところもあり，24時間体制で子どもを保護し，行動観察，短期間の入所指導を行っている。

2）身体障害者更生相談所

　身体障害者更生相談所は，身体障害者福祉法第11条に基づき設置された身体障害者に対する福祉行政機関であり，都道府県には設置が義務づけられており，政令指定都市については任意設置となっている。

　業務内容は，身体障害者およびその家族からの相談や指導に対応し，専門的な技術援助指導を行っている。また，身体障害者への医学的，心理学的，職能的判定などを行い，来所の困難な人への巡回指導も行っている。

─────────── ■■■コラム■■■ ───────────

児童虐待から子どもを守る

　児童相談所は，子どもへの虐待通報があると，48時間以内に子どもの安否を確認しなければならない。これを，「48時間ルール」という。2019（令和元）年６月，札幌市で起きた２歳女児の虐待死事件は，48時間ルールが守られていないばかりに起きてしまった。48時間ルールは，全国に先駆け1999（平成11）年に埼玉県の児童相談所で導入された。その後，2007（平成19）年に児童相談所運営指針の改正により全国に広まった。しかし，運営指針では「48時間以内とすることが望ましい」という表現にとどまっているため，該当世帯を特定しにくい高層マンションなどでは，強制的な安否確認を行うことが難しくなっている。

　「読売新聞」（2019（令和元）年８月１日掲載）によると，2018（平成30）年７月20日〜2019（令和元）年６月７日に，児童虐待で通告を受けた15万3,571人のうち８％にあたる１万1,984人は時間内の確認がかなわなかった。しかし，自治体によっては通告があってから「24時間」以内の安否確認を徹底しているところもある。これらの自治体は，手厚い職員配置や児童福祉司の育成の強化体制ができているのだろう。

　いまこの時にも，親の顔色をうかがいながら怯え震えている子どもたちがいることをわかってほしい。密室で行われる暴力行為は，子どもにとって最大の恐怖であり，虐待は最大の人権侵害行為である。48時間，24時間といわず，通報後早急に現場に急行できる児童相談所の体制を整えるべきであろう。

3）知的障害者更生相談所

　知的障害者更生相談所は，知的障害者福祉法第12条に基づき設置された知的障害者に対する福祉行政機関であり，都道府県には設置が義務づけられ，政令指定都市については任意設置となっている。

　業務内容は，知的障害者およびその家族からの相談や指導に対応し，専門的な技術援助指導を行っている。また，知的障害者への医学的，心理学的，職能的判定などを行い，来所の困難な人への巡回指導も行っている。

4）婦人相談所

　婦人相談所は，売春防止法第34条第１項に定められた婦人保護の更生に関す

る行政機関であり，都道府県に設置が義務づけられている。

　以前は売春を行うおそれのある女子に関する相談業務や一時保護などを行う施設であったが，現在は，「配偶者からの暴力の防止及び被害者の保護等に関する法律（通称，DV防止法）」により，「配偶者暴力相談支援センター」としての機能が期待されている。なお，保護が必要な女子のために，一時保護を実施することもある。

5）精神保健福祉センター

　「精神保健及び精神障害者福祉に関する法律」により，都道府県，政令指定都市に設置されている。心の病気やアルコール依存症，思春期の悩みなどの治療指導や相談を受け，社会復帰の促進や自立支援などを行っている。精神保健の調査，研究も行い，市町村に対する技術的な助言なども行っている。2023（令和5）年4月現在，全国に69か所ある。

（3）民間の専門機関と団体

1）社会福祉法人

　社会福祉法人は，「社会福祉法」第22条に基づき，社会福祉事業を行うことを目的とした行政の関与が強い民間の団体である。社会福祉施設などの第一種社会福祉事業の経営を担っているが，保育所，グループホーム，居宅サービスなどの第二種社会福祉事業として位置づけられているものもある。社会福祉法人の設立にあたっては，所轄庁（事務所が所在する都道府県または市）の許可を得なければならない。さらに，法人設立後も公共性を確保するために，指導や監督が行われる。

　社会福祉法人制度にとって大きな転換となったのは，2000（平成12）年の社会福祉法の成立である。措置から契約へという制度転換の中で，社会福祉法人のあり方も変容を迫られたといえる。

　社会福祉法人が経営する保育所では，経営者の理念が保育活動に反映される特徴がある。また，自治体の子育て施策である延長保育や待機児童問題などに積極的な取り組みを示す法人もある。

2）社会福祉協議会

　社会福祉協議会は「社協」の愛称で知られ，全国社会福祉協議会，都道府県社会福祉協議会，市区町村社会福祉協議会があり，政令指定都市は，都道府県社会福祉協議会に準じた活動を行っている（社会福祉法第109～111条）。

　社会福祉協議会の性格は，①地域における住民組織と公私の社会福祉事業関係者等により構成され，②住民全体の理念に基づき，地域の福祉課題の解決に取り組み，誰もが安心して暮らすことのできる地域福祉の実現を目指し，③住民の福祉活動の組織化，社会福祉を目的とする事業の連絡調整および事業の企画・実施などを行う，④市区町村，都道府県・指定都市，全国を結ぶ公共性と自主性を有する民間組織である，とされている。また，住民ニーズ基本の原則，住民活動主体の原則，民間性の原則，公私協働の原則，専門性の原則の5つの原則を踏まえ，各地域の特性を生かした活動を行うこととなっている[2]。

3）特定非営利活動法人（ＮＰＯ法人）

　特定非営利活動（ＮＰＯ：Not-for-Profit Organization）法人は，「特定非営利活動促進法（ＮＰＯ法）」に定められた法人である。非営利とは，主な事業活動のみに収益を充てるものであり，企業のように株主や社員・職員に利益を分配するものではない。「特定非営利活動促進法」に定められている活動の内容は，以下の20種類である。

---

①保健，医療又は福祉の増進を図る活動，②社会教育の推進を図る活動，③まちづくりの推進を図る活動，④観光の振興を図る活動，⑤農山漁村又は中山間地域の振興を図る活動，⑥学術，文化，芸術又はスポーツの振興を図る活動，⑦環境の保全を図る活動，⑧災害救援活動，⑨地域安全活動，⑩人権の擁護又は平和の推進を図る活動，⑪国際協力の活動，⑫男女共同参画社会の形成の促進を図る活動，⑬子どもの健全育成を図る活動，⑭情報化社会の発展を図る活動，⑮科学技術の振興を図る活動，⑯経済活動の活性化を図る活動，⑰職業能力の開発又は雇用機会の拡充を支援する活動，⑱消費者の保護を図る活動，⑲前各号に掲げる活動を行う団体の運営又は活動に関する連絡，助言又は援助の活動，⑳前各号に掲げる活動に準ずる活動として都道府県又は指定都市の条例で定める活動

3．社会福祉財政と費用負担

（1）社会保障関係費

　社会保障関係費は，社会保険（医療や年金）や介護，福祉・その他の社会保障制度にかかる費用である。

　2024（令和6）年度の社会保障関係予算は，37兆7,197億円である。その内訳は，年金給付（厚生年金，国民年金等）が13兆4,020億円，医療給付（国民健康保険，後期高齢者医療給付費負担金等）が12兆2,366億円と，ともに35％以上を占めており，次いで社会福祉費が4兆9,796億円で13.2％，介護給付（給付費負担金等）が3兆7,188億円で9.9％と

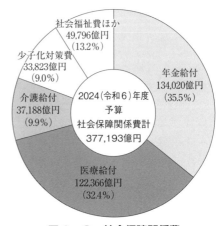

図4－2　社会保障関係費
（出典）財務省：令和6年度社会保障関係予算のポイント，2023より筆者作成

なっている（図4－2）。なお，少子化対策費が3兆3,823億円（9.0％）計上されている。

　年金や医療費など国民が利用したサービスに対し，国および地方自治体が支払った金銭またはサービスの合計である社会保障給付費は，社会保障の規模をあらわす指標となる。わが国の社会保障給付費は増加の一途をたどっており，2021年（令和3年予算ベース）には約138兆7,433億円に達した。その内訳は，年金が55兆8,151億円で40.2％，医療が47兆4,205億円で34.2％，福祉・その他が35兆5,076億円で25.6％となっている（表4－3）。

　今後も人口の減少や高齢化により，社会保障の予算が増大していくことが課題となっている。

表4－3　社会保障給付費の推移（億円）と構成割合（％）

年　度	合　計	年　金	医　療	福祉その他
2000（平成12）	783,985（100.0）	405,367（51.7）	266,049（33.9）	112,570（14.4）
2005（平成17）	888,529（100.0）	461,194（51.9）	287,444（32.4）	139,891（15.7）
2010（平成22）	1,053,646（100.0）	522,286（49.6）	336,439（31.9）	194,921（18.5）
2016（平成28）	1,168,133（100.0）	540,929（46.3）	385,651（33.0）	241,564（20.7）
2021（令和３）	1,387,433（100.0）	558,151（40.2）	474,205（34.2）	355,076（25.6）

（出典）国立社会保障・人口問題研究所：第8表 社会保障給付費の部門別推移（1950～2021年度）より筆者作成

（2）利用者の費用負担

　福祉サービスを利用した場合，費用の負担方法には「応益負担」と「応能負担」の方法がある。

　応益負担は，例えば1時間あたりの金額が決められている夜間保育料など，利用したサービスの量に応じて負担額を決める方法である。応能負担は，サービスの利用量にかかわらず所得に応じて負担額を決める仕組みである。社会保険の保険料は，この方式による徴収となっている。

（3）福祉サービスの利用方法

　「離れて暮らす父親が高齢となり，介護が必要になった。さて困った。どのようなサービスを受けられるのか，どこに連絡すればよいのか……」。

　このように，福祉サービスを利用したい人は，その内容に関して十分な情報をもち合わせていないというケースが想定される。さらに，社会福祉制度は，利用するサービスや施設によって手続きの方法が異なっているなど複雑多様化していることから，利用する人や家族にとって正しく理解することが難しくなっている。

1）措置方式

　かつての福祉サービスは，措置方式によって利用者に提供されていた。現在でも措置方式による福祉サービスは，利用する本人の意思によらない児童福祉

法に基づく乳児院や児童養護施設，生活保護法に基づく救護施設や更生施設などで行われている。措置方式の特徴は，対象者の意見が反映されない点にある。虐待を受けている子どもの保護などは行政の強力な権限が必要なため，措置方式が適切といえる。

２）子ども・子育て支援方式

2012（平成24）年に成立した「子ども・子育て関連３法」には，就学前の教育・保育施設（施設給付型の認定こども園，認可保育所，幼稚園と地域型保育の小規模保育，家庭的保育，居宅訪問型保育，事業所内保育）を利用する契約について，新たに「子ども・子育て支援方式」を導入した。この制度を利用する場合は，居住している自治体から「保育を必要としているか」の認定を受けなくてはならない。その後，必要があると認める審査を経て，支給認定証が発行される。

なお，この制度への移行をしない教育・保育施設もある。

３）自立支援給付方式

自立支援給付方式には，「介護給付」「訓練給付」「相談支援」「自立支援医療」「補装具」がある。障害者が「障害者総合支援法」に基づいて，全国で一律に同じサービスを受けられるようになっている。利用者は市町村の支給決定を受けてサービスを利用し，自立支援給付によるサービスを利用したときは，「応能負担」によって決められた利用料を支払う。

４）介護保険方式

2000（平成12）年４月から実施された介護保険制度の介護サービスの利用方式であり，社会保険方式を導入している。被保険者（65歳以上：第１号。40歳以上65歳未満：第２号）は，居住の市区町村に保険料を納め，利用したサービスに対し１割を負担，さらに，年収（年金収入含む）により２割ないし３割を負担することになる。介護保険は，法律で定められた条件を満たした人は強制的な加入となる。保険者である市区町村は地域の実情に即し，被保険者の資格や保険証の交付，保険料の決定や徴収を行う。

■引用文献

1）厚生労働省：令和5年版厚生労働白書　資料編，p.194
2）全国社会福祉協議会：新・社会福祉協議会基本要項，1992，p.265

■参考文献

・『社会福祉学双書』編集委員会編集：社会福祉学双書2019第2巻　社会福祉概論Ⅱ
　福祉行財政と福祉計画／福祉サービスの組織と経営，全国社会福祉協議会，2019
・結城康博ほか編：新・よくわかる福祉事務所のしごと，ぎょうせい，2013
・内閣府：NPOホームページ，https://www.npo-homepage.go.jp/
・国立社会保障・人口問題研究所：第8表　社会保障給付費の部門別推移（1950～
　2021年度），http://www.ipass.go.jp/（令和6年3月28日利用）
・内閣官房こども家庭庁設立準備室：こども家庭庁について，2024
・相澤譲治・杉山博昭編：十訂　保育士をめざす人の社会福祉，みらい，2024

第 5 章

社会福祉の施設と専門職

●● アウトライン ●●

1. 社会福祉施設

要 点

◎社会福祉施設の種類は，①保護施設，②母子・父子福祉施設，③老人福祉施設，④身体障害者社会参加支援施設，⑤婦人保護施設，⑥障害者支援施設，⑦児童福祉施設，⑧その他の社会福祉施設に大別される。

◎社会福祉の事業は，利用者の要援護性が高い第一種社会福祉事業（入所型事業と保護性の高い事業が中心）と，第一種に比べて利用者の援護性がそれほど高くない第二種社会福祉事業（通所・通園型や相談事業が中心）に分けられる。

◎社会福祉施設の施設形態には「入所型」「通所・通園型」「利用型」などがある。

キーワード

第一種社会福祉事業　第二種社会福祉事業　入所型　通所・通園型　利用型
福祉型　医療型

2. 社会福祉の専門職

要 点

◎社会福祉は対人援助サービスである。また「福祉は人なり」ともいう。法律や制度がいかに整っていても，最後はこれを実践する人が重要になる。

◎近年，被虐待児や軽度発達障害児など対応困難な事例の急増を受けて，多種多様な専門職が施設に配置されてきているが，福祉専門職の守秘義務などの縛りを背景に，関係機関や専門職連携の困難さが課題となっている。

キーワード

福祉職と資格制度　専門職連携　主婦の四角（資格）　望ましい援助者像と５つのＨ

3. 社会福祉専門職の職業倫理

要 点

◎医師や弁護士など高度な専門職ほど厳格な職業倫理がある。社会福祉業務は，利用者のプライバシーに深く関与する特性があり，人権侵害を招きやすい。

キーワード

職業倫理　プライバシー　信用失墜行為の禁止　人権侵害　倫理綱領

1．社会福祉施設

（1）社会福祉施設の種別

　社会福祉施設は高齢者，障害者，児童などに各種の福祉サービスを提供する施設である。その種類や設置目的，支援対象などは，それぞれの関係法令によって定められている。具体的には，①「生活保護法」による保護施設，②「老人福祉法」による老人福祉施設，③「障害者総合支援法」による障害者支援施設等，④「身体障害者福祉法」による身体障害者社会参加支援施設，⑤「売春防止法」による婦人保護施設，そして保育士が最も活躍する，⑥「児童福祉法」による児童福祉施設等，⑦「母子及び父子並びに寡婦福祉法」による母子・父子福祉施設，⑧その他の社会福祉施設等，分野ごとに大別される。各分野別の社会福祉施設数を表5－1に示した。これらは利用者の状況や状態に応じてさらに種別が細分化されており，本書の第6〜9章において詳述する。

　また，社会福祉施設は，「社会福祉法」によって第一種社会福祉事業，第二

表5－1　社会福祉施設の施設数

	2017年	2018年	2019年	2020年	2021年	2022年
総　　数	72,887	77,040	78,724	80,723	82,611	83,821
保護施設	291	286	288	289	288	290
老人福祉施設	5,293	5,251	5,262	5,228	5,192	5,158
障害者支援施設等	5,734	5,619	5,626	5,556	5,530	5,498
身体障害者社会参加支援施設	314	317	315	316	315	315
婦人保護施設	46	46	46	47	47	47
児童福祉施設等	40,137	43,203	44,161	45,722	46,560	46,997
うち保育所等	27,137	27,951	28,737	29,474	29,995	30,358
母子・父子福祉施設	56	56	60	56	57	55
その他の社会福祉施設等	21,016	22,262	22,501	23,509	24,622	25,461

（資料）厚生労働省：社会福祉施設等調査

種社会福祉事業に分類され，入所型，通所・通園型，利用型，福祉型，医療型などの施設形態がある。この分類は，同法第2条第1項によって，利用者の要援護性，事業の利用者に与える影響の度合いなどを基準に種別化されている。

　第一種社会福祉事業は，利用者の要援護性が高く，利用者に与える影響が大きい事業であり，主に入所型事業と保護性の高い事業が中心になっている。

　第二種社会福祉事業は，第一種に比べて利用者に与える影響がそれほど大きくない事業で，通所・通園型や相談事業が中心になっている。

第一種社会福祉事業および第二種社会福祉事業（社会福祉法第2条）
第一種社会福祉事業（第2項）
1　生活保護法に規定する救護施設，更生施設その他生計困難者を無料又は低額な料金で入所させて生活の扶助を行うことを目的とする施設を経営する事業及び生計困難者に対して助葬を行う事業
1の2　生活困窮者自立支援法に規定する認定生活困窮者就労訓練事業
2　児童福祉法に規定する乳児院，母子生活支援施設，児童養護施設，障害児入所施設，児童心理治療施設又は児童自立支援施設を経営する事業
3　老人福祉法に規定する養護老人ホーム，特別養護老人ホーム又は軽費老人ホームを経営する事業
4　障害者の日常生活及び社会生活を総合的に支援するための法律に規定する障害者支援施設を経営する事業
5　削除
6　売春防止法に規定する婦人保護施設を経営する事業
7　授産施設を経営する事業及び生計困難者に対して無利子又は低利で資金を融通する事業
第二種社会福祉事業（第3項）
1　生計困難者に対して，その住居で衣食その他日常の生活必需品若しくはこれに要する金銭を与え，又は生活に関する相談に応ずる事業
1の2　生活困窮者自立支援法に規定する認定生活困窮者就労訓練事業
2　児童福祉法に規定する障害児通所支援事業，障害児相談支援事業，児童自立生活援助事業，放課後児童健全育成事業，子育て短期支援事業，乳児家庭全戸訪問事業，養育支援訪問事業，地域子育て支援拠点事業，一時預かり事業，小規模住居型児童養育事業，小規模保育事業，病児保育事業又は子育て援助活動支援事業，同法に規定する助産施設，保育所，児童厚生施設又は児童家庭支援

センターを経営する事業及び児童の福祉の増進について相談に応ずる事業

2の2　就学前の子どもに関する教育，保育等の総合的な提供の推進に関する法律に規定する幼保連携型認定こども園を経営する事業

2の3　民間あっせん機関による養子縁組のあっせんに係る児童の保護等に関する法律に規定する養子縁組あっせん事業

3　母子及び父子並びに寡婦福祉法に規定する母子家庭日常生活支援事業，父子家庭日常生活支援事業又は寡婦日常生活支援事業及び同法に規定する母子・父子福祉施設を経営する事業

4　老人福祉法に規定する老人居宅介護等事業，老人デイサービス事業，老人短期入所事業，小規模多機能型居宅介護事業，認知症対応型老人共同生活援助事業又は複合型サービス福祉事業及び同法に規定する老人デイサービスセンター，老人短期入所施設，老人福祉センター又は老人介護支援センターを経営する事業

4の2　障害者の日常生活及び社会生活を総合的に支援するための法律に規定する障害福祉サービス事業，一般相談支援事業，特定相談支援事業又は移動支援事業及び同法に規定する地域活動支援センター又は福祉ホームを経営する事業

5　身体障害者福祉法に規定する身体障害者生活訓練等事業，手話通訳事業又は介助犬訓練事業若しくは聴導犬訓練事業，同法に規定する身体障害者福祉センター，補装具製作施設，盲導犬訓練施設又は視聴覚障害者情報提供施設を経営する事業及び身体障害者の更生相談に応ずる事業

6　知的障害者福祉法に規定する知的障害者の更生相談に応ずる事業

7　削除

8　生計困難者のために，無料又は低額な料金で，簡易住宅を貸し付け，又は宿泊所その他の施設を利用させる事業

9　生計困難者のために，無料又は低額な料金で診察を行う事業

10　生計困難者に対して，無料又は低額な費用で介護保険法に規定する介護老人保健施設又は介護医療院を利用させる事業

11　隣保事業

12　福祉サービス利用援助事業

13　上記の事業に関する連絡又は助成を行う事業

（2）社会福祉施設の形態

社会福祉施設の形態には，「入所型」「通所・通園型」「利用型」などがある。「入所型」とは生活施設であるため，援助者についても食事（朝食・夕食などの調理），入浴介助，宿泊勤務などを伴うことがある。乳児院，児童養護施

設，児童自立支援施設などに多い。「通所・通園型」は，保護者等による施設
への送迎（施設の送迎バスの利用もある）を伴う施設で，原則日中の福祉サー
ビスの提供を受ける。保育所や児童館，障害児・者通園施設などがある。

　「利用型」は，利用者が施設を選択・利用可能な施設である。「通所・通園
型」や「相談事業」などの施設が主に該当する。逆に「利用型」ではない施設
は「措置施設」であり，施設への入・退所などの最終決定権が福祉行政側にあ
る。例えば，乳児院や児童養護施設などに入所保護が必要な場合，その本人お
よび保護者が施設を選択・利用する判断能力が不十分で，利用・選択方式にな
じまないとの観点から，行政サービスとして「入・退所」への措置権を発動す
る必要性が根拠になっている。これを，保育所などの「利用施設」に対して，
行政処分としての「措置施設」と呼ぶ。

2．社会福祉の専門職

　社会福祉は，対人援助サービスである。また，「福祉は人なり」ともいう。
法律や制度がいかに整っていても，最後はこれを実践する「人」が重要にな
る。今日，実践分野では児童虐待，軽度発達障害児等への対応，苦情解決など
困難な課題が山積している。保育士をはじめ社会福祉実践者には，高度な専門
性と柔軟で豊かな人間性が期待される。

　近年，被虐待児や軽度発達障害児対応など対応困難な事例が急増し，多種多
様な専門職が出現している。例えば，従来の専門職ケアワーカーとして「保育
士」「児童指導員」「職業指導員」，特に東京都では「専門機能強化型児童養護
施設事業」によって，従来から配置されている「家庭支援専門相談員＝FSW
（ファミリー・ソーシャルワーカー）」に加え，常勤の「治療指導員」や，非常
勤の「児童精神科医」の配置などが実現している。さらに，自立支援強化のた
めに「自立支援コーディネーター」，家庭養護の推進を担う「里親支援専門相
談員」などの配置が追加されている。これらの専門職には守秘義務などが課せ
られ，結果として，関係機関や専門職連携の困難さが課題となっている。

　こうした課題を踏まえて，以下，社会福祉の主な専門職を紹介する。

（1）社会福祉にかかわる主な専門職

1）社会福祉士，介護福祉士

わが国の福祉職の専門職化が進んだのは，1987（昭和62）年「社会福祉士及び介護福祉士法」の制定以降である。それぞれの資格を定めてその業務の適正を図り，社会福祉の増進に寄与することを目的として制定された（第1条）。

社会福祉士とは，社会福祉士の登録を受け，社会福祉士の名称を用いて，専門的知識および技術をもって，身体上もしくは精神上の障害があることまたは環境上の理由により日常生活を営むのに支障がある者の福祉に関する相談に応じ，助言，指導，福祉サービス関係者等との連絡および調整その他の援助を行うことを業とする者のことをいう（第2条第1項）。

介護福祉士とは，介護福祉士の登録を受け，介護福祉士の名称を用いて，専門的知識および技術をもって，身体上または精神上の障害があることにより日常生活を営むのに支障がある者につき心身の状況に応じた介護を行い，ならびにその者およびその介護者に対して介護に関する指導を行うことを業とする者のことをいう（第2条第2項）。

「社会福祉士及び介護福祉士法」には，義務として，誠実な業務の遂行，社会福祉士または介護福祉士の信用を傷つけるような行為の禁止，業務に関して知り得た秘密の保持などが規定されている（第44条の2，45条，46条）。

2）精神保健福祉士

「精神保健福祉士法」（1997（平成9）年制定）は，精神保健福祉士の資格を定めて，その業務の適正を図り，精神保健の向上および精神障害者の福祉の増進に寄与することを目的としている（第1条）。精神保健福祉士は，この法律に従って，試験に合格し，精神保健福祉士の登録を受け，精神保健福祉士の名称を用いて，精神障害者の保健および福祉に関する専門的知識および技術をもって，精神科病院その他の医療施設において，精神障害の医療を受け，または，精神障害者の社会復帰の促進を図ることを目的とする施設を利用している者の社会復帰に関する相談に応じ，助言，指導，日常生活への適応のために必要な訓練その他の援助を行うことを業とする者をいう（第2条）。

精神保健福祉士の国家試験に合格した者は，精神保健福祉士となる資格を有

するが，精神保健福祉士となるためには，精神保健福祉士登録簿に，登録を受けなければならない（第28条）。また，同法には，精神保健福祉士の義務が次のように定められている。

- ・精神保健福祉士の信用を傷つけるような行為をしてはならない（第39条）。
- ・正当な理由なく業務に関して知り得た人の秘密をもらしてはならない（第40条）。
- ・業務を行うに当たっては，医師その他の医療関係者との連携を保たなければならない。業務を行うに当たって，精神障害者に主治の医師があるときには，その指導を受けなければならない（第41条）。
- ・精神保健福祉士でない者は，精神保健福祉士の名称を使用してはならない（第42条）。

3）保 育 士

保育士とは，登録を受け，保育士の名称を用いて，専門的知識および技術をもって，児童の保育および保護者に対する保育に関する指導を行うことを業とする者をいう（児童福祉法第18条の4）。児童家庭福祉分野では最も職員人数が多く，就職に強い資格といわれている。ただし，次のいずれかに該当する者は，保育士となることができない（同第18条の5，欠格事由）。

① 心身の故障により保育士の業務を適切に行うことができない者として厚生労働省令で定めるもの

② 禁錮以上の刑に処せられ，その執行を終わり，または執行を受けることがなくなった日から起算して2年を経過しない者

③ この法律の規定その他児童の福祉に関する法律の規定であって政令で定めるものにより，罰金の刑に処せられ，その執行を終わり，または執行を受けることがなくなった日から起算して2年を経過しない者

④ 登録を取り消され，その取り消しの日から起算して2年を経過しない者

また，次のいずれかに該当する者は，保育士となる資格を有する（同第18条の6）。

① 都道府県知事の指定する保育士を養成する学校その他の施設（以下「指定保育士養成施設」という）を卒業した者

② 保育士試験に合格した者

保育士は国家資格化に伴い専門職として次のような責務と罰則規定がある。

児童福祉法第18条の21（信用失墜行為の禁止）
　保育士は，保育士の信用を傷つけるような行為をしてはならない。

児童福祉法第18条の22（秘密保持義務）
　保育士は，正当な理由がなく，その業務に関して知り得た人の秘密を漏らしてはならない。保育士でなくなつた後においても，同様とする。

児童福祉法第18条の19（登録の取り消し等）
　都道府県知事は，保育士が次の各号のいずれかに該当する場合には，その登録を取り消さなければならない。
　1　第18条の5各号（第4号を除く。）のいずれかに該当するに至つた場合
　2　虚偽又は不正の事実に基づいて登録を受けた場合
②　都道府県知事は，保育士が第18条の21又は第18条の22の規定に違反したときは，その登録を取り消し，又は期間を定めて保育士の名称の使用の停止を命ずることができる。

児童福祉法第61条の2（秘密保持義務違反）
　第18条の22の規定に違反した者は，1年以下の懲役又は50万円以下の罰金に処する。
②　前項の罪は，告訴がなければ公訴を提起することができない。

4）児童指導員

　児童指導員は，保育士とともに児童福祉施設で児童の直接生活支援＝ケアワークを担う重要な職務である（児童福祉施設の設備及び運営に関する基準第43条）。児童に最も近い存在であるので，その専門性のレベルや人間性の質が直接的に問われることになる。生活支援（ケアワーク）にかかわりながら同時にソーシャルワークもこなすジェネリックワーカー（総合的援助職）としての役割が期待されている。従来の生活指導中心の職務から，その任用資格に社会福祉士・精神保健福祉士などソーシャルワーカー（相談援助）の機能も新たに付加された。主な任用資格は以下のとおりである。

　①指定養成施設の卒業者，②社会福祉士資格保持者，③精神保健福祉士資格

保持者，④大学および大学院の社会福祉学，心理学，教育学，社会学専修学科卒業者，⑤高等学校卒業後2年以上児童福祉事業に従事した者，⑥小・中・高等教諭免許保持者，⑦3年以上児童福祉事業に従事した者。

　主な勤務先は，乳児院，児童養護施設，障害児入所施設，児童発達支援センター，児童心理治療施設などである。

5）児童福祉司

　児童相談所に配属され，児童家庭福祉にかかわるソーシャルワーカーとしての専門職である（児童福祉法第13条）。児童虐待や軽度発達障害児，多問題家庭への支援など，児童福祉問題の最前線を担う重要な職種である。児童福祉施設職員との迅速・的確な連携が期待される。主な任用要件は以下のとおりである。

　①指定養成学校等卒業者，指定講習会の課程修了者，②大学で心理学，教育学，社会学の学科（相当課程を含む）を修めた卒業者で，1年以上児童その他の福祉に関する相談に応じ，助言，指導等の業務経験者，③医師，④社会福祉士，⑤社会福祉主事として2年以上児童福祉事業に従事した者等。

　主な勤務先は，児童相談所である。

6）こども家庭支援ソーシャルワーカー

　子ども家庭福祉の現場にソーシャルワークの専門性を十分に身につけた人材を配置していくため，2024（令和6）年度より，新たな資格として創設された認定資格である。主に児童や家庭への相談支援等によるソーシャルワークを行う児童相談所や市町村（こども家庭センター），児童福祉施設への配置が想定されており，児童相談所児童福祉司の任用要件の一つに位置づけられた。保有する国家資格や，子ども家庭に関する相談援助の実務経験年数に沿った形で研修を受講し，認定試験に合格すると資格登録が可能となる。

7）社会福祉主事

　人格が高潔で思慮が円熟し，社会福祉の増進に熱意がある20歳以上の者で，任用資格は，①大学で社会福祉に関して指定する科目を修め卒業した者，②指定養成機関または講習会の課程修了者，③社会福祉士，④社会福祉事業従事者試験合格者等である（社会福祉法第19条）。社会福祉士，介護福祉士，精神保健福祉士など福祉職の国家資格制度化が振興する中で，かつて福祉の量的人材不

足を背景に「三科目主事」などとその促成栽培的養成のあり方が批判されたことがあったが，福祉専門職の質が問われている時代の要請を受けて，社会福祉主事の資格のあり方も改めて見直しが必要になっている。

　主な勤務先は，都道府県，市，福祉事務所を設置する町村等である。

8）児童の遊びを指導する者

　地域福祉の課題を児童の健全な遊びの指導を通して貢献する専門職である（児童福祉施設の設備及び運営に関する基準第38条）。その主な任用資格は以下のとおりである。

　①児童福祉施設職員養成学校等の指定養成施設卒業者，②保育士資格保持者，③社会福祉士資格保持者，④高等学校卒業後2年以上児童福祉事業に従事した者，⑤幼稚園，小・中・高等教諭免許保持者等。

　主な勤務先は，児童厚生施設（児童館・児童遊園）である。

9）児童自立支援専門員，児童生活支援員

　児童虐待や少年非行問題に加えて，児童の発達障害の問題も社会問題化している今日，児童自立支援施設への期待は大きい。重篤なケースへの対応の蓄積を単に児童自立支援施設内部にとどめおくのではなく，広く社会全体へ発信しながら，わが国の社会的養護全体の質的向上に資する役割がある。児童自立支援施設には，児童の自立支援を行う児童自立支援専門員と児童の生活支援を行う児童生活支援員，嘱託医，精神科医師，個別対応職員，家庭支援専門相談員，栄養士，調理員をおかなければならない（児童福祉施設の設備及び運営に関する基準第80条第1項）。

　児童自立支援専門員の任用資格は，以下のとおりである（同第82条）。

　①精神保健に関して学識経験をもつ医師，②社会福祉士資格保持者，③児童自立支援専門員養成学校等の指定養成施設卒業者，④大学で社会福祉学，心理学，教育学，社会学を専修する学科（相当する課程を含む）の卒業者等。

　児童生活支援員の任用資格は，①保育士，②社会福祉士，③3年以上児童自立支援事業に従事した者，となっている（同第83条）。

　主な勤務先は，児童自立支援施設である。

10）母子支援員

児童福祉施設の中で唯一親子分離しないで入所し，家族支援の典型が母子生活支援施設で，その中心的な実践者が母子支援員である。DV（ドメスティック・バイオレンス）からの緊急避難所としてのシェルター機能を発揮し，社会的自立を目指して家族支援を実践するので，生活支援としてのケアワークと，社会自立としてのソーシャルワークが展開される高度な専門性が求められる。母子支援員の主な任用資格は，以下のとおりである（児童福祉施設の設備及び運営に関する基準第28条）。

①児童福祉施設職員養成学校等の指定養成施設卒業者，②保育士資格保持者，③社会福祉士資格保持者，④精神保健福祉士資格保持者等。

主な勤務先は，母子生活支援施設である。

11）身体障害者福祉司

都道府県が設置する身体障害者更生相談所には，身体障害者福祉司をおかなければならない。また，市および町村が設置する福祉事務所に身体障害者福祉司をおくことができる。都道府県の身体障害者福祉司は，身体障害者更生相談所の長の命を受けて，専門的な知識および技術を必要とする業務を行うものとなっている。主な任用資格は以下のとおりである（身体障害者福祉法第12条）。

①社会福祉主事資格保持者で，身体障害者の更生援護その他の福祉に関する事業に2年以上従事経験をもつ者，②大学で社会福祉に関する指定科目を修め卒業した者，③医師，④社会福祉士，⑤指定養成施設卒業者等。

主な勤務先は，身体障害者更生相談所，市町村福祉事務所である。

12）知的障害者福祉司

主な任用資格は以下のとおりである（知的障害者福祉法第14条）。

①社会福祉主事資格保持者で，知的障害者の福祉に関する事業に2年以上従事経験をもつ者，②大学で社会福祉に関する指定科目を修め卒業した者，③医師，④社会福祉士，⑤指定養成施設卒業者等。

主な勤務先は，知的障害者更生相談所，市町村福祉事務所である。

（2）保育士の国家資格化と石井十次の「主婦の四角（資格）」

1）支援の個別化・専門職化

近年，社会福祉における支援の個別化や専門職化が進んでいる。児童養護施設では，施設の小規模化やグループホーム化等に対応する「個別ケア職員の配置」，「家庭支援専門相談員（ファミリー・ソーシャルワーカー）」，「職業指導員」，主に年長児童に対するケアの強化を図る「特別指導員」，被虐待児等に対する個別対応職員や，「心理療法担当職員」などである。

2）保育士の名称

保育士は，2000（平成12）年の「児童福祉法施行令」改正までは「保母」と称されていたが，男女の性差による職業名称は不適切との観点から「保育士」に名称変更された。さらに2001（平成13）年には，名称独占資格の専門職となり，「児童福祉法」に規定され，国家資格化された。その業務は「専門的知識及び技術をもって，児童の保育及び児童の保護者に対する保育に関する指導を行うことを業とする者」（児童福祉法第18条の4）と規定された。

これに対して「保育士」の名称に違和感を覚え「保母」に執着する声がある。また，「保母」という名称以前は「保姆」という呼称もあった。

さらにさかのぼれば，明治時代の社会事業家で岡山孤児院の創設者石井十次は，「保姆」ではなく「主婦」と呼称し，当時の孤児の養育に関する絶大な権限を与えたという。その際，石井十次は「主婦の四角（資格）」と称する主婦（今日でいう保育士）の資質を説いている。

3）石井十次の「主婦の四角（資格）」

「主婦の四角（資格）」[1]とは，①児童中心主義（筆者注：主婦はなによりも児童の養育を中心に生活をしてほしい），②不変不動主義（筆者注：主婦は児童の養育に当たってはしっかりした不動の信念をもって臨み，気分や八つ当たりのような感情に任せて方針をころころと変えたりするべきではない），③早眠早起主義（筆者注：生活は早寝早起きを徹底すること＝陽が昇るころには目覚め，陽が沈むころには就寝する），④共炊共食主義（筆者注：給食ではなく食事＝自ら児童とともに調理し，共に食する＝食事を大切にすること）である（図5－1）。

石井十次は，「主婦の四角＝資格」の根底にあるものとして「生活力重視」

（主婦＝保母のあり方を示すもの）

図5－1　主婦の四角

を説いたものと思われる。これは今日の国家資格化した保育士養成に対する痛烈な批判が込められていないだろうか。保育士資格取得を目指す実習学生に対して，施設実習指導担当者からしばしば指摘されることとして，「専門知識」と「技術」を学ぶ前に，「生活者」としての「炊事，洗濯，掃除」の家事労働の素養を身につけて実習に臨んでほしい，ということはよく聴く話である。

今日，児童養護施設をはじめ社会的養護を担う児童福祉施設が直面している課題に，「専門職化の推進」「治療的ケア重視」「施設の小規模化・地域分散化推進」などが指摘され，「グループホームの増設」「本園機能の高度化」「施設の多機能化」が声高にいわれている。「主婦の四角」を説きながら「生活力」重視の視点を唱えた石井十次は，こうした福祉の専門職化等の動向を，泉下でどのように受け止めているだろうか。

（3）望ましい援助者像と5つのH

現代の過度な専門職化への懸念について，石井十次の「主婦の四角」を通して述べたが，ここでは望ましい援助者像と関連して，5つのHを紹介したい。

5つのHとは，①warm Heart（温かいこころ），②cool Head（冷静で科学的な判断力），③Hand（実践する手），④Health（心身の健康），⑤Humor（ユーモア）である。

①は，多くの福祉職員や学生たちは，この点ではほぼ合格点であろう。しかし，その温かさが本物かどうかは，以下の4つのHとの関連が鍵になる。

②は，かなりの個人差が表出する。特に社会福祉は，その変化は社会の流動とともに激しいものがある。その激流に流されず，巻き込まれず，ぶれない冷静で的確な判断力は，絶え間なき「自己覚知」によって研鑽を積む以外にない。

③は，実践力を示す指標である。例えれば，母親の手（hand）がまさに該

当する。母の手は病に伏す子どもには額に「手を当てる」。その手は調理をする，編み物をする，洗濯をするなど，生活のあらゆる場面で大活躍する実践の象徴である。社会福祉は問題解決学であり，実践科学でもある。傍観者や自己保身の評論家は不要である。

④は，オリンピック選手のような「より速く」「より高く」「より遠く」などのスーパー健康志向ではなく，不治の病や「生・老・病・死」（人生の四苦）についての深い自覚をベースにした健康観のことである。

⑤のHは，ユーモアである。社会福祉の現場は３Ｋ（きつい・苦しい・暗い）がつきものだ。自分の非力さから絶望の淵に何度も立たされることがあるが，そんなときに「なんのこれしき」と踏ん張って，苦しく，暗い，きつい現実をセンスのよいユーモアで笑いとばせる余裕を身につけたい。

これらをまとめると，「専門性と人間性の調和」ということになるだろう。

3. 社会福祉専門職の職業倫理

本章の最後は「専門職倫理」である。およそ高度な専門職ほど，その職業倫理も高度で厳しいものが課せられる。例えば，医師，弁護士，公認会計士の三大難関国家資格の職業倫理の厳しさは周知のことだろう。ひるがえって社会福祉分野ではどうか。

社会福祉はその業務上の特性として，福祉サービス利用者の個人情報＝プライバシーに深く触れざるを得ない点を踏まえなければならない。また，多くの利用者は，社会的弱者の立場におかれている現実がある。それゆえに，利用者の人権侵害が発生しやすい職業であることを十分に自覚しなければならない。

ここでは，日本社会福祉士会の倫理綱領（2020）を紹介する。

社会福祉士の倫理綱領（日本社会福祉士会，2020年６月30日採択）

前 文

われわれ社会福祉士は，すべての人が人間としての尊厳を有し，価値ある存在であり，平等であることを深く認識する。われわれは平和を擁護し，社会正義，人権，集団

的責任，多様性尊重および全人的存在の原理に則り，人々がつながりを実感できる社会への変革と社会的包摂の実現をめざす専門職であり，多様な人々や組織と協働することを言明する。われわれは，社会システムおよび自然的・地理的環境と人々の生活が相互に関連していることに着目する。社会変動が環境破壊および人間疎外をもたらしている状況にあって，この専門職が社会にとって不可欠であることを自覚するとともに，社会福祉士の職責についての一般社会及び市民の理解を深め，その啓発に努める。われわれは，われわれの加盟する国際ソーシャルワーカー連盟と国際ソーシャルワーク教育学校連盟が採択した，次の「ソーシャルワーク専門職のグローバル定義」（2014年7月）を，ソーシャルワーク実践の基盤となるものとして認識し，その実践の拠り所とする。

ソーシャルワーク専門職のグローバル定義

　ソーシャルワークは，社会変革と社会開発，社会的結束，および人々のエンパワメントと解放を促進する，実践に基づいた専門職であり学問である。社会正義，人権，集団的責任，および多様性尊重の諸原理は，ソーシャルワークの中核をなす。ソーシャルワークの理論，社会科学，人文学，および地域・民族固有の知を基盤として，ソーシャルワークは，生活課題に取り組みウェルビーイングを高めるよう，人々やさまざまな構造に働きかける。この定義は，各国および世界の各地域で展開してもよい。

　われわれは，ソーシャルワークの知識，技術の専門性と倫理性の維持，向上が専門職の責務であることを認識し，本綱領を制定してこれを遵守することを誓約する。

原　理

Ⅰ（人間の尊厳）　社会福祉士は，すべての人々を，出自，人種，民族，国籍，性別，性自認，性的指向，年齢，身体的精神的状況，宗教的文化的背景，社会的地位，経済状況などの違いにかかわらず，かけがえのない存在として尊重する。

Ⅱ（人権）　社会福祉士は，すべての人々を生まれながらにして侵すことのできない権利を有する存在であることを認識し，いかなる理由によってもその権利の抑圧・侵害・略奪を容認しない。

Ⅲ（社会正義）　社会福祉士は，差別，貧困，抑圧，排除，無関心，暴力，環境破壊などの無い，自由，平等，共生に基づく社会正義の実現をめざす。

Ⅳ（集団的責任）　社会福祉士は，集団の有する力と責任を認識し，人と環境の双方に働きかけて，互恵的な社会の実現に貢献する。

Ⅴ（多様性の尊重）　社会福祉士は，個人，家族，集団，地域社会に存在する多様性を認識し，それらを尊重する社会の実現をめざす。

Ⅵ（全人的存在）　社会福祉士は，すべての人々を生物的，心理的，社会的，文化的，スピリチュアルな側面からなる全人的存在として認識する。

倫理基準

Ⅰ．クライエントに対する倫理責任

　1．（クライエントとの関係）　社会福祉士は，クライエントとの専門的援助関係を最

も大切にし，それを自己の利益のために利用しない。

2．（クライエントの利益の最優先）　社会福祉士は，業務の遂行に際して，クライエントの利益を最優先に考える。

3．（受容）　社会福祉士は，自らの先入観や偏見を排し，クライエントをあるがままに受容する。

4．（説明責任）　社会福祉士は，クライエントに必要な情報を適切な方法・わかりやすい表現を用いて提供する。

5．（クライエントの自己決定の尊重）　社会福祉士は，クライエントの自己決定を尊重し，クライエントがその権利を十分に理解し，活用できるようにする。また，社会福祉士は，クライエントの自己決定が本人の生命や健康を大きく損ねる場合や，他者の権利を脅かすような場合は，人と環境の相互作用の視点からクライエントとそこに関係する人々相互のウェルビーイングの調和を図ることに努める。

6．（参加の促進）　社会福祉士は，クライエントが自らの人生に影響を及ぼす決定や行動のすべての局面において，完全な関与と参加を促進する。

7．（クライエントの意思決定への対応）　社会福祉士は，意思決定が困難なクライエントに対して，常に最善の方法を用いて利益と権利を擁護する。

8．（プライバシーの尊重と秘密の保持）　社会福祉士は，クライエントのプライバシーを尊重し秘密を保持する。

9．（記録の開示）　社会福祉士は，クライエントから記録の開示の要求があった場合，非開示とする正当な事由がない限り，クライエントに記録を開示する。

10．（差別や虐待の禁止）　社会福祉士は，クライエントに対していかなる差別・虐待もしない。

11．（権利擁護）　社会福祉士は，クライエントの権利を擁護し，その権利の行使を促進する。

12．（情報処理技術の適切な使用）　社会福祉士は，情報処理技術の利用がクライエントの権利を侵害する危険性があることを認識し，その適切な使用に努める。

Ⅱ．組織・職場に対する倫理責任

1．（最良の実践を行う責務）　社会福祉士は，自らが属する組織・職場の基本的な使命や理念を認識し，最良の業務を遂行する。

2．（同僚などへの敬意）　社会福祉士は，組織・職場内のどのような立場にあっても，同僚および他の専門職などに敬意を払う。

3．（倫理綱領の理解の促進）　社会福祉士は，組織・職場において本倫理綱領が認識されるよう働きかける。

4．（倫理的実践の推進）　社会福祉士は，組織・職場の方針，規則，業務命令がソーシャルワークの倫理的実践を妨げる場合は，適切・妥当な方法・手段によって提言し，改善を図る。

5．（組織内アドボカシーの促進）　社会福祉士は，組織・職場におけるあらゆる虐待または差別的・抑圧的な行為の予防および防止の促進を図る。

6．（組織改革）　社会福祉士は，人々のニーズや社会状況の変化に応じて組織・職場

の機能を評価し必要な改革を図る。

Ⅲ．社会に対する倫理責任

1．（ソーシャル・インクルージョン）　社会福祉士は，あらゆる差別，貧困，抑圧，排除，無関心，暴力，環境破壊などに立ち向かい，包摂的な社会をめざす。

2．（社会への働きかけ）　社会福祉士は，人権と社会正義の増進において変革と開発が必要であるとみなすとき，人々の主体性を活かしながら，社会に働きかける。

3．（グローバル社会への働きかけ）　社会福祉士は，人権と社会正義に関する課題を解決するため，全世界のソーシャルワーカーと連帯し，グルーバル社会に働きかける。

Ⅳ．専門職としての倫理責任

1．（専門性の向上）　社会福祉士は，最良の実践を行うために，必要な資格を所持し，専門性の向上に努める。

2．（専門職の啓発）　社会福祉士は，クライエント・他の専門職・市民に専門職としての実践を適切な手段をもって伝え，社会的信用を高めるよう努める。

3．（信用失墜行為の禁止）　社会福祉士は，自分の権限の乱用や品位を傷つける行いなど，専門職全体の信用失墜となるような行為をしてはならない。

4．（社会的信用の保持）　社会福祉士は，他の社会福祉士が専門職業の社会的信用を損なうような場合，本人にその事実を知らせ，必要な対応を促す。

5．（専門職の擁護）　社会福祉士は，不当な批判を受けることがあれば，専門職として連帯し，その立場を擁護する。

6．（教育・訓練・管理における責務）　社会福祉士は，教育・訓練・管理を行う場合，それらを受ける人の人権を尊重し，専門性の向上に寄与する。

7．（調査・研究）　社会福祉士は，すべての調査・研究過程で，クライエントを含む研究対象の権利を尊重し，研究対象との関係に十分に注意を払い，倫理性を確保する。

8．（自己管理）　社会福祉士は，何らかの個人的・社会的な困難に直面し，それが専門的判断や業務遂行に影響する場合，クライエントや他の人々を守るために必要な対応を行い，自己管理に努める。

■引用文献

1）髙橋重宏編著：子ども家庭福祉論—子どもと親のウェルビーイングの促進，「わが国における児童福祉の歩み」，放送大学教育振興会，1998，pp.77〜78

■参考文献

・厚生労働統計協会編：国民の福祉と介護の動向，各年版

・全国社会福祉協議会　『新保育士養成講座編纂委員会』編：社会福祉／社会福祉と相談援助，全国社会福祉協議会，2013

第6章 子どもと女性の福祉

┃ 1．子ども家庭福祉の現状

（1）日本における子ども家庭福祉の現状と課題

1）子ども家庭福祉の基本的な考え方

　子ども家庭福祉には，子どもに対する社会福祉と家庭に対する社会福祉が含まれる。このうち，子どもに対する社会福祉は，子どもの権利を守り，支える側面と子どもの発達保障や健全育成を支援する側面が基盤に位置づけられる。

　一方，後者の家庭に対する社会福祉は，同じ家庭に属する成員（家族）の生活・健康を支える仕組み（法律に基づく制度や地域住民による支え合いの仕組みなど）と取り組み（実践）が基盤である。

　例えば，子ども家庭福祉における子育て支援は，子育ちの支援（子どもの権利保障を基盤とした発達保障と健全育成）と親育ちの支援（子育てに関する相談援助および保護者が親として成長できるように支援する取り組み）を社会全体で支えることが重視される。

　1989（平成元）年11月の第44回国際連合総会で採択され，1994（平成6）年4月に日本政府も批准した「児童の権利に関する条約」（子どもの権利条約）は，その前文で「家族が，社会の基礎的な集団として，並びに家族のすべての構成員，特に，児童の成長及び福祉のための自然な環境として，社会においてその責任を十分に引き受けることができるよう必要な保護及び援助を与えられるべきである」と明記している。したがって，子ども家庭福祉の専門職（児童指導員や保育士など）は，社会の最小単位が家族であることを理解しながら，子育ちの支援と親育ちの支援に取り組むことが重要である。なぜならば，子育て（子育ち・親育ち）にかかわる生活の困りごと（生活課題）は，その多くが家族の働き（機能）と結びついているからである（図6-1）。

　また，子ども家庭福祉の専門職は，子どもと子育て家庭の現状と課題を理解し，支援することも重要である。そこで，①子どもと保護者を取り巻く社会状況，②社会状況に影響を受ける家族の機能という観点から，それぞれの課題を整理してみよう。

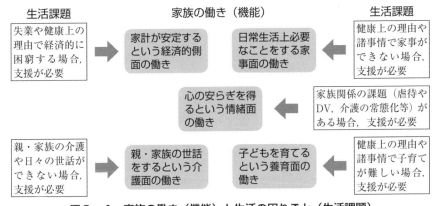

図6−1　家族の働き（機能）と生活の困りごと（生活課題）

2）子どもと保護者を取り巻く社会状況

　図6−1で示した経済的側面の働き（機能）は，保護者の就労状況に影響を受けやすい。例えば，経済状況の変化（不況など）は子育て家庭における経済的側面の働き（機能）に影響を及ぼし，保護者の収入減少や失業が養育面の働き（機能）を変容させる。また，保護者の就労形態（正規雇用・非正規雇用）の違いによる賃金格差や職層格差（仕事が同じ正規・非正規職員間の格差）は，子どもの教育格差（経済力による教育環境の格差）と結びつく。

　さらに日本の場合，「夫（男性）は経済的側面の働きを担い，妻（女性）は家事と養育面の働きを担う」というジェンダー（生物学的な性別に対する社会的・文化的な性差別の意識や状態）の価値観が根強く残っている。そのため，女性であるがゆえに正規雇用の就職が難しく，不安定な就労形態となり，経済的に困窮する家庭も少なくない。その端的な例が子どもの貧困問題である。

　子どもがいる現役世帯のうち，母親と子どものひとり親家庭が多くを占める「大人が一人」の世帯は減少傾向を示しているが，相対的貧困率が極めて高く，その5割近くが年収127万円以下で生活している状況である。その社会的背景には，前述したジェンダーの問題がある。

3）子育て家庭の支援—家族の働き（機能）から考える—

　人間にとって社会は複数の人たちが共に生きる基盤であり，その最小単位が

家族である。図6－1の家族の働き（機能）と生活の困りごと（生活課題）で示したとおり，家族には，家事面の働き（機能），情緒面の働き（機能），養育面の働き（機能），介護面の働き（機能），経済的側面の働き（機能）がある。しかしながら，それぞれの働き（機能）に何らかの困りごと（生活課題）が生じた場合，課題解決に向けた支援を必要とする。例えば，両親が共働きで乳幼児期の子どもを育てている場合，養育面と経済的側面の働き（機能）を両立することが困難となる場合がある。そこで地域社会にある保育所や認定こども園等を利用することにより，養育面の働き（機能）を補完することになる。

　さらに現代の日本は高齢社会（人口に占める高齢者の比率が高い社会）であり，一人暮らしの高齢者や高齢者世帯（夫婦ともに65歳以上の家族）が増加し，介護を必要とする人たちも多い。そのような社会状況において，子育てと親の介護の両方（ダブルケア）を担うケースもある。家族の働き（機能）に基づくならば，ダブルケアを担う保護者は養育面の働き（機能）と介護面の働き（機能）において困りごと（生活課題）を抱えている可能性が高い。こうした複合的な福祉ニーズに対しても，福祉サービスや相談機関，施設，専門職などあらゆる社会資源でアプローチしていく必要がある。

（2）日本における少子化対策の変遷と子育て支援施策

　現代の日本は，少子高齢社会といわれる。2022（令和4）年の出生数は77万759人，合計特殊出生率（1人の女性が一生の間に生むと推計される子どもの人数）は1.26と，2005（平成17）年以来2度目の過去最低を記録している。

　政府による少子化対策（表6－1）は，1994（平成6）12月の「今後の子育て支援のための施策の基本的方向について（エンゼルプラン）」から本格化し，子どもを生み育てやすい環境の整備を目指してきた。その契機は1990（平成2）年の合計特殊出生率が過去最低の1.57となり（1.57ショック），出生率の低下と少子化の問題に対する政策・施策の必要性を政府が認識したからである。

　2003（平成15）年には「少子化社会対策基本法」「次世代育成支援対策推進法」の施行により社会全体で子育てを支えていく方向性が示され，翌年から「子ども・子育て応援プラン」がスタートした。

表6－1　子育て支援施策の変遷

1994（平成6）年12月	「エンゼルプラン」（平成7〜15年度）
1999（平成11）年12月	「新エンゼルプラン」（平成12〜16年度）
2003（平成15）年7月	次世代育成支援対策推進法
2003（平成15）年9月	少子化社会対策基本法
2004（平成16）年6月	少子化社会対策大綱
2004（平成16）年12月	子ども・子育て応援プラン（平成17〜21年度）
2006（平成18）年6月	新しい少子化対策について（平成18〜19年度）
2007（平成19）年12月	「子どもと家族を応援する日本」重点戦略
2010（平成22）年1月	子ども・子育てビジョン（平成22〜27年度）
2012（平成24）年8月	子ども・子育て支援法
2013（平成25）年6月	少子化危機突破のための緊急対策
2014（平成26）年7月	放課後子ども総合プラン（平成26〜31年度）
2015（平成27）年3月	少子化社会対策大綱
2015（平成27）年4月	子ども・子育て支援新制度の施行
2016（平成28）年4月	子ども・子育て支援法の改正
2016（平成28）年6月	ニッポン一億総活躍プラン（平成28〜令和7年度）
2017（平成29）年6月	子育て安心プラン（平成29〜令和3年度）
2018（平成30）年4月	子ども・子育て支援法の改正
2018（平成30）年9月	新・放課後子ども総合プラン
2019（平成31）年5月	子ども・子育て支援法の一部を改正する法律等
2019（平成31）年10月	幼児教育・保育の無償化
2020（令和2）年5月	少子化社会対策大綱
2021（令和3）年12月	こども政策の新たな推進体制に関する基本方針
2023（令和5）年4月	こども家庭庁発足
2023（令和5）年6月	こども未来戦略方針

　2010（平成22）年以降は「子ども・子育てビジョン」により，少子化対策から子ども・子育て支援へ施策の転換が図られた。2012（平成24）年には「子ども・子育て関連三法」（「子ども・子育て支援法」「就学前の子どもに関する教育，保育等の総合的な提供の推進に関する法律（認定こども園法）の一部を改正する法律」「子ども・子育て支援法及び認定こども園法の一部を改正する法律の施行に伴う関係法律の整備等に関する法律」）が成立したが，2016（平成28）年に改正され，認定こども園などの制度が本格的に進められることとなった。その後，安心して子育てが行える社会の実現を目指すビジョンとして，政府は「少子化社会対策大綱」や「子育て安心プラン」を示した。

表6-2　子ども・子育て支援新制度の主なポイント

1．認定こども園，幼稚園，保育所を通じた共通の給付である「施設型給付」および小規模保育，家庭的保育等への給付である「地域型保育給付」の創設
・認定こども園，幼稚園，保育所に共通である「施設型給付」を創設し，財政支援を一本化。 ・「地域型保育給付」を創設し，6人以上19人以下の子どもを預かる「小規模保育」，5人以下の子どもを預かる「家庭的保育（保育ママ）」や子どもの居宅において保育を行う「居宅訪問型保育」，従業員の子どものほか地域の子どもを保育する「事業所内保育」の4つの事業について財政支援を行う。
2．認定こども園制度の改善
・「幼保連携型認定こども園」を，学校及び児童福祉施設の両方の法的位置づけをもつ単一の認可施設とし，認可や指導監督等を一本化することなどにより，二重行政の問題などを解消し，その設置の促進を図る。
3．地域の子ども・子育て支援の充実
・全ての子育て家庭を対象に，地域のニーズに応じた多様な子育て支援を充実させるため，市町村は事業計画を策定し，その計画に基づき，保護者が地域の教育・保育，子育て支援事業等を円滑に利用できるよう情報提供・助言等を行う利用者支援や，子育ての相談や親子同士の交流ができる地域子育て支援拠点，一時預かり，放課後児童クラブなど，市町村が行う事業を「地域子ども・子育て支援事業」として法律上に位置づけ，財政支援を強化して，その拡充を図る。

(出典) 内閣府：平成25年版少子化社会対策白書，2013，p.33

（3）子ども・子育て支援新制度

　「子ども・子育て関連三法」を中心に実施された子育て支援の仕組みは「子ども・子育て支援新制度」と呼ばれ，2015（平成27）年4月よりスタートした。この制度では，新たに「施設型給付」を創設し，認定こども園，幼稚園，保育所ごとに分かれていた財政支援の方法の一本化や，市区町村が実施してきたさまざまな子育て支援事業を法律上の「地域子ども・子育て支援事業」として明確に位置づけ，財政支援の強化・拡充を図った（表6-2）。

（4）こども大綱，こども未来戦略の策定

　2022（令和4）年に「こども基本法」が成立した。2023（令和5）年4月，行政機関として発足した「こども家庭庁」は，子どもに関する施策の司令塔として，「こども基本法」を施行・推進していく役割を担うこととなった。そして，2023年12月，「こども基本法」に基づき，政府全体の基本的な方針等を定める「こども大綱」と「こども未来戦略〜次元の異なる少子化対策の実現に向

けて～」が閣議決定された。

「こども大綱」では，「全てのこども・若者が身体的・精神的・社会的に幸せな状態（ウェルビーイング）で生活を送ることができる『こどもまんなか社会』の実現を目指しています」とし，次のような基本的な方針を掲げている。

① こども・若者は権利の主体であり，今とこれからの最善の利益を図ること

② こども・若者や子育て当事者とともに進めていくこと

③ ライフステージに応じて切れ目なく十分に支援すること

④ 良好な成育環境を確保し，貧困と格差の解消を図ること

⑤ 若い世代の生活の基盤の安定を確保し，若い世代の視点に立った結婚・子育ての希望を実現すること

⑥ 施策の総合性を確保すること

一方，「こども未来戦略」は，基本理念として「①若い世代の所得を増やす」「②社会全体の構造・意識を変える」「③全てのこども・子育て世帯を切れ目なく支援する」を掲げている。また，今後3年間の集中的な取り組みである「加速化プラン」では，「ライフステージを通じた子育てに係る経済的支援の強化や若い世代の所得向上に向けた取組」「全てのこども・子育て世帯を対象とする支援の拡充」「共働き・共育ての推進」「こども・子育てにやさしい社会づくりのための意識改革」といった施策を盛り込んでいる。

（5）子ども虐待

自分と同じ権利を子どもがもつことを周囲の大人たちが理解し，子どもの育ちと学びを支えることは，子ども家庭福祉の基本である。しかしながら，子どもとかかわる大人の中には偏った価値観をもつ人や対等な関係性を継続できない人もいる。その端的な例が子どもに対する虐待（以下「子ども虐待」）であり，子ども虐待の類型は，4つの類型に分類される（表6-3）。

2022（令和4）年度における児童相談所の虐待相談対応件数は219,170件（速報値）であり，過去最多を示している。こども家庭庁は，「児童虐待相談として対応した件数」の主な増加要因として「心理的虐待に係る相談対応件数の増加」と「警察等からの通告の増加」などをあげている[1]。

表6−3　児童虐待の類型・定義

虐待の類型	虐待の定義（該当する主な行為の例）
1．身体的虐待	児童の身体に外傷が生じ，または生じるおそれのある暴行を加えること
2．性的虐待	児童にわいせつな行為をすることまたは児童をしてわいせつな行為をさせること
3．ネグレクト（養育放棄）	児童の心身の正常な発達を妨げるような著しい減食または長時間の放置，保護者以外の同居人による身体的・性的・心理的虐待行為の放置その他の保護者としての監護を著しく怠ること
4．心理的虐待	児童に対する著しい暴言または著しく拒絶的な対応，児童が同居する家庭における配偶者に対する暴力（配偶者〔婚姻の届出をしていないが，事実上婚姻関係と同様の事情にある者を含む〕の身体に対する不法な攻撃であって生命または身体に危害を及ぼすものおよびこれに準ずる心身に有害な影響を及ぼす言動をいう）その他の児童に著しい心理的外傷を与える言動を行うこと

表6−4　2012（平成24）年度と2022（令和4）年度の子ども虐待の状況

	身体的虐待	ネグレクト	性的虐待	心理的虐待	総　数
2012年度（平成24年度）	23,579件（35.4％）	19,250件（28.9％）	1,449件（2.2％）	22,423件（33.6％）	66,701件（100.0％）
2022年度（令和4年度）	51,679件（23.6％）	35,556件（16.2％）	2,451件（1.1％）	129,484件（59.1％）	219,170件（100.0％）

（資料）こども家庭庁：令和4年度 児童相談所での児童虐待相談対応件数，2023

　表6−4は，2012（平成24）年度と2022（令和4）年度の子ども虐待の状況を比較した実数と比率である。この表からも理解できるとおり，「児童虐待相談として対応した件数」は過去10年間で約3倍以上に増加し，特に「心理的虐待」の件数が高い。また，厚生労働省の資料によれば，2017（平成29）年度から2021（令和3）年度の5年間，「主な虐待者」は「実母」が最も多く，47％前後を推移している。「実母」が多い背景には，前述した性別役割分業の問題（「夫は経済的側面の働きを担い，妻は家事と養育面の働きを担うべきである」というジェンダーの問題）が少なからず影響している[2]。

　2000（平成12）年に公布された児童虐待の防止等に関する法律に基づき，国は子ども虐待の防止策を講じているが，その件数は増加の一途をたどっている。いうまでもなく，子ども虐待は子どもの権利侵害である。保護者をはじめ，子どもにかかわる専門職など，大人たちが子どもの権利を守り，子ども一

人ひとりの育ちと学びを支えていかなければならない。

2. 子ども家庭福祉に関する法規

（1）子ども家庭福祉に関する法規の全体像

　子ども家庭福祉を含む日本の社会福祉は，日本国憲法（以下「憲法」）が保障する基本的人権（幸福追求権，法の下の平等，精神的自由の保障，財産権の保障，生存権，労働基本権など）が基盤となっている。したがって，子ども家庭福祉に関する法規（「児童福祉法」「子ども・子育て支援法」「こども基本法」など）も同様である。また，1989（令和元）年の第44回国際連合総会で採択され，1994（平成６）年に日本政府が批准した「児童の権利に関する条約（子どもの権利条約）」も，子ども家庭福祉の法的基盤に位置づけられる（表６－５）。

（2）子どもの福祉に関する主な法規の特徴

　現代の子ども家庭福祉に継承される「児童福祉法」は1947（昭和22）年に公布され，子どもの生活と愛護の保障，健全育成に対する国民と国家の責任，児童福祉施設，民生委員による児童委員の兼任などを規定した法律である。

　表６－６は，1947（昭和22）年の公布時と2022（令和４）年に改正された「児童福祉法」の第１条・第２条を比較している。「児童福祉法」が公布された当時の子どもにかかわる主な福祉的課題は，路上生活を余儀なくされる子どもたちの保護であった。その中心となる仕組みが社会的養護であり，日本は長年にわたり施設での集団生活（施設養護）をとおして保護・養育してきた。しかし，先に述べた「児童の権利に関する条約」や，2009（平成21）年の国連総会で採択された「児童の代替的養護に関する指針」などに表される世界的な子どもの人権擁護の潮流もあり，より家庭的な養育が求められるようになり，わが国においても施設養護の小規模化や家庭養護（里親制度など）の拡充を進めるようになった。そうした中で2016（平成28）年に抜本的な改正がなされた児童福祉法では，第１条・第２条において，「児童の権利に関する条約」の理念が

表6－5　子ども家庭福祉に関する主な法令

法規の名称	法の目的
日本国憲法	国民の基本的人権を定めている。
児童の権利に関する条約	1989（平成元）年に国連総会で採択された国際条約であり，日本は1994（平成6）に批准した。子どもの受動的権利のみならず，能動的権利も保障しているところに大きな特徴がある。「子どもの権利条約」とも呼ばれる。
児童福祉法	児童福祉の理念や国および地方公共団体の責務のほか，児童福祉の実施機関や児童福祉施設等について定めた，わが国の児童家庭福祉の基本となる法律。対象を要保護児童に限定せず，すべての児童を対象としているという特徴がある。保育士資格についてもこの法律に定められている。
こども基本法	すべての子どもが将来にわたって幸福な生活を送るための「こども施策」に関して，基本的な理念を定めるとともに，国の責務等を明らかにすることで「こども施策」を総合的に推進することを目的とした法律。
児童扶養手当法	ひとり親家庭の生活の安定と自立の促進に寄与するために支給される児童扶養手当について定めた法律。
特別児童扶養手当等の支給に関する法律	精神または身体に障害を有する児童を養育する父母を対象とした特別児童扶養手当，精神または身体に重度の障害を有する児童を対象とした障害児福祉手当，精神または身体に著しく重度の障害を有する者を対象とした特別障害者手当の支給について定めた法律。
母子及び父子並びに寡婦福祉法	ひとり親家庭および夫と死別または離別し再婚していない女性を対象に，その生活の安定と向上のために必要な措置を講じ，その福祉の増進を図ることを目的とした法律。
母子保健法	母性および乳幼児に対する保健指導，健康診査，医療などの措置を講じ，母性および乳幼児の健康の保持・増進を図ることを目的とした法律。
児童手当法	子どもを養育している家庭の生活の安定に寄与し，子どもの健やかな成長に資することを目的として支給される児童手当について定めた法律。
児童虐待の防止等に関する法律	児童虐待の禁止や児童虐待の予防および早期発見，児童虐待の防止に関する国および地方公共団体の責務，児童虐待を受けた児童の保護および自立の支援等について定めた法律。
子どもの貧困対策に関する法律	子どもの将来がその生まれ育った環境によって左右されることのないよう，貧困の状況にある子どもが健やかに育成される環境を整備するとともに，教育の機会均等を図る法律。
次世代育成支援対策推進法	次代の社会を担う子どもが健やかに生まれ育成される社会の形成に資することを目的とした法律。次世代育成支援対策に関する基本理念や国，地方公共団体，事業主および国民の責務，地方公共団体および事業主が策定する行動計画に関する事項等を定めている。
就学前の子どもに関する教育，保育等の総合的な提供の推進に関する法律	就学前の教育・保育を一体としてとらえ，一貫して提供する施設である「認定こども園」に関する事項を定めた法律（略称「認定こども園法」）。
児童福祉施設の設備及び運営に関する基準	児童福祉施設の設備や運営に関する基準を定めた厚生労働省令。この省令に基づき，各都道府県・政令指定都市は児童福祉施設に関する設備や運営上の基準を条例で定め，各施設はこれを遵守することとなっている。

表6－6　児童福祉法第1条・第2条の変遷（公布時と2016年の改正時）

1947（昭和22）年の公布時	2022（令和4）年の改正時
第1条　すべて国民は，児童が心身ともに健やかに生まれ，且つ，育成されるよう努めなければならない。 　すべて児童は，ひとしくその生活を保障され，愛護されなければならない。	第1条　全て児童は，児童の権利に関する条約の精神にのつとり，適切に養育されること，その生活を保障されること，愛され，保護されること，その心身の健やかな成長及び発達並びにその自立が図られることその他の福祉を等しく保障される権利を有する。
第2条　国民及び地方公共団体は，児童の保護者とともに，児童を心身ともに健やかに育成する責任を負う。	第2条　全て国民は，児童が良好な環境において生まれ，かつ，社会のあらゆる分野において，児童の年齢及び発達の程度に応じて，その意見が尊重され，その最善の利益が優先して考慮され，心身ともに健やかに育成されるよう努めなければならない。 　児童の保護者は，児童を心身ともに健やかに育成することについて第一義的責任を負う。 　国及び地方公共団体は，児童の保護者とともに，児童を心身ともに健やかに育成する責任を負う。

盛り込まれている。

　一方，子どもの権利侵害として位置づけられる子ども虐待を防止するため，2000（平成12）年より「児童虐待の防止等に関する法律」（以下，児童虐待防止法）が施行された。同法は「児童虐待が児童の人権を著しく侵害」する行為であると定め，「児童の権利利益の擁護」を目的として掲げている。しかしながら，前節でも述べたとおり，法律施行後も虐待の被害にあう子どもたちが後を絶たない。

　そこで，2022（令和4）年に改正された「児童福祉法」では，子ども虐待の背景にある子育て家庭が抱える困りごとの解決を重視し，「母子保健法」に規定する各種制度と関連づけながら，子育て家庭に対する包括的な支援体制強化を図る方針が示された。また，児童相談所（一時保護所を含む）における業務や困難を抱える妊産婦などへの支援の質の向上を図ることも施策方針として位置づけられている。

　子ども虐待の問題同様，子どもの育ちや学びに深刻な影響を及ぼす子どもの貧困問題を解決するため，2013（平成25）年には「子どもの貧困対策の推進に関する法律」が制定された。同法は，児童の権利条約を基盤としながら，子どもの生育環境にかかわらず，すべての子どもの発達保障と教育の機会均等を保障することが目的に位置づけられている。

　そして，2023（令和5）年度のこども家庭庁創設とともに施行された「こども基本法」では，その目的として第1条に，①「日本国憲法」と「児童の権利に関する条約」の精神に基づき，すべての子どもが将来にわたって幸福な生活を送ることができる社会の実現をめざすこと，②社会全体で取り組む「こども施策」の基本理念や国の責務と「こども施策」の基本事項を定め，内閣総理大臣を長とする「こども政策推進会議」を設置して「こども施策」を総合的に推進することが掲げられている。

（3）子育て支援に関する主な法規の特徴

　子育て支援に関する施策は，前述した児童福祉法などにも示されているが，ここでは子育て支援を主な目的とした関連法規を取り上げよう。

　「母子及び父子並びに寡婦福祉法」は，ひとり親家庭の支援を含む関連法規である。同法第2条は，ひとり親家庭の子どもの発達保障と保護者の健康で文化的な生活の保障を目的に位置づけている。しかしながら，前節の子どもの貧困問題で触れたように，現代においても社会的格差の状況にあるひとり親家庭（特に母親と子どもが暮らす家庭）が多く存在する。

　「母子保健法」は，母性の尊重に基づく乳幼児の健康の保持増進を図るため，母子保健に係る保健指導・健康診査・医療などを定めている。同法の各種制度は2022（令和4）年に改正された「児童福祉法」で子育て家庭の包括的な支援体制に位置づけられており，子ども家庭福祉との関連性も高い。

　経済的な子育て支援の関連法規には，「児童扶養手当法」と「児童手当法」がある。このうち「児童扶養手当法」は，同法の基準（ひとり親家庭，障がいのある保護者など）に該当する場合，児童扶養手当の支給を定めている。一方，「児童手当法」は，子どもを養育する家庭や児童福祉施設に対する経済的

支援を定めた法規である。同法は，子どもの年齢や保護者の所得に応じた支給
要件を定めている。

　さらに少子化という社会状況をふまえた子育て支援の主な関連法規が「次世
代育成支援対策推進法」である。同法は，①国の次世代育成支援対策に関する
基本理念，②国・地方公共団体・事業主・国民の責務，③行動計画策定指針な
どを定めた少子化対策の法的基盤である。

　また，2012（平成24）年制定の「子ども・子育て支援法」も少子化対策に関
連する法規である。第1条は「急速な少子化の進行」や「家庭及び地域を取り
巻く環境の変化」に対応するため，「児童福祉法」や「認定こども園法」（就学
前の子どもに関する教育，保育等の総合的な提供の推進に関する法律）などと
関連する各種制度・事業（教育・保育施設としての認定こども園・幼稚園・保
育所，地域型保育，小規模保育，事業所内保育など）を定めている。

■ 3．子ども家庭福祉の実施体制

（1）子ども家庭福祉の実施体制（概要）

　わが国における子ども家庭福祉の実施体制は，前節で学んだ関連法規・制度
に基づいて構成されている。また，近年においては，行政機関（国・地方公共
団体）と民間組織（社会福祉法人や特定非営利活動法人，営利組織など）だけ
でなく，インフォーマル分野の組織・団体（ボランティア団体，保護者が取
り組む当事者団体，地域住民による支援組織など）も重要な役割を担っている
（図6－2）。

（2）行政機関の役割

　子ども家庭福祉に関するさまざまな取り組みは，国・都道府県・市町村が行
政機関としての役割を分担している。国においては，厚生労働省が子ども家庭
福祉に関する行政事務を主に担当し，制度の企画立案や，地方公共団体に対す
る指導監査といった役割を主に果たしていたが，2023（令和5）年4月に創設
された「こども家庭庁」に，その多くの部分が移管された。

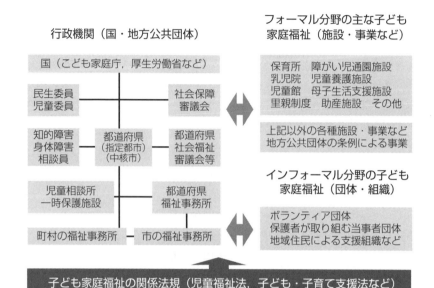

図6−2　日本における子ども家庭福祉の実施体制

　都道府県においては，子ども家庭福祉担当部局のほか，出先機関である児童相談所がその実施にあたり，児童福祉施設にかかる事務や保育所以外の児童福祉施設への入所措置のほか，市町村への支援を中心に行っている。政令指定都市および中核市においても，基本的には都道府県と同様の事務を行っている。

　市町村は住民に一番身近な行政機関として，子ども家庭福祉に関するサービスの提供や相談援助を幅広く行い，保育所への入所事務も担当している。

　そのほか，福祉事務所や保健所等も子ども家庭福祉にかかわっている。

（3）児童相談所の機能・役割

　地方公共団体が設置・運営する児童相談所は，子ども家庭福祉の専門機関として重要な役割を担っており，都道府県および政令指定都市に設置義務がある。その主な役割としては，市町村での対応が困難な相談事例への介入や子どもの施設入所等の措置，緊急に保護を必要とする場合の一時保護，また，市町村に対する技術的支援などがあげられる。

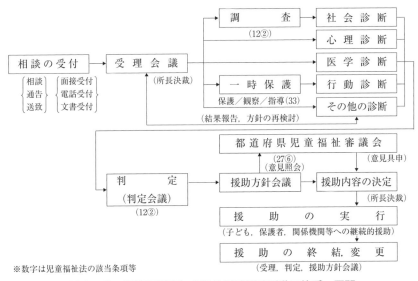

図6－3　児童相談所における相談援助活動の体系・展開
（出典）厚生労働統計協会編：国民の福祉と介護の動向2023/2024, 2023, p.92

　児童相談所が受け付ける相談の種類は，子どもの福祉に関する各般の問題にわたるが，養護相談，障害相談，非行相談，育成相談，その他の相談に大別される。その相談援助活動は，図6－3に示すような形態で展開されている。

　児童相談所には，所長をはじめ，児童福祉司，児童心理司，医師，児童指導員，保育士，看護師などの専門職員がおり，それぞれの専門性を生かして，子どもとその家庭への支援を効果的に実施する体制が整えられている。また，併設された一時保護所では，判定会議による措置が決まるまでの間，子どもたちを入所させ，直接保護することもできる。

　また，2022（令和4）年の児童福祉法改正により，児童相談所の機能は，①入所措置や一時保護などを行う際，児童の最善の利益を考慮しながら，児童の意見聴取などの措置を行う，②民間団体・組織との協働による親図られた子再統合の事業の実施などを推進する，③一時保護所の設備・運営基準を策定し，環境改善を図るなどの強化・拡充が図られた。

（4）要保護児童対策地域協議会の役割

　要保護児童対策地域協議会は，虐待などで支援を必要とする子どもの早期発見や適切な保護を図るため，関係者間で情報の交換と支援の協議を行うネットワーク組織である。児童福祉法に基づき地方公共団体が設置している。

（5）児童福祉施設の種別や役割

　児童福祉施設は，子どもやその保護者に適切な環境を提供し，養育や保護，訓練，育成等を行うことにより子どもの福祉の増進を図り，その自立を支援することを目的とした施設である。「児童福祉法」により定められており，対象や目的別にさまざまな種類の施設がある（表6－7）。

　国および地方公共団体以外の者が児童福祉施設を設置するには，都道府県知事等の認可が必要であり，認可を受けるためには，厚生労働省令である「児童福祉施設の設備及び運営に関する基準」をもとに，各都道府県・政令指定都市等が定める条例の基準を満たすことが各施設に求められている。

（6）里親制度の概要

　里親制度は，児童福祉法に定められている「家庭養護」の仕組みである。都道府県知事等から委託を受けた里親が，保護者がいない，または虐待など何らかの理由で育てられない児童を自らの家庭で養育する制度である。厚生労働省による「里親委託ガイドライン」では，「何らかの事情により家庭での養育が困難又は受けられなくなった子ども等に，温かい愛情と正しい理解を持った家庭環境の下での養育を提供する」ことを目的としている。

　里親制度には，養育里親，専門里親，養子縁組里親，親族里親の4つの類型があり（図6－4），①特定の大人（里親）との愛着関係の下で子どもは自己肯定感や基本的信頼感を獲得できる，②里親との生活体験をとおして将来の家庭生活像を体得できる，③里親との家庭生活をとおした適切な人間関係の形成などの効果（子どもの発達保障と自立に向けた支援など）が特徴である。

表6－7　児童福祉施設の種類と目的

施設の名称	施設の目的（児童福祉法より）
助産施設	保健上必要があるにもかかわらず，経済的理由により，入院助産を受けることができない妊産婦を入所させて，助産を受けさせる
乳児院	乳児（保健上，安定した生活環境の確保その他の理由により特に必要のある場合には，幼児を含む）を入院させて，これを養育し，あわせて退院した者について相談その他の援助を行う
母子生活支援施設	配偶者のない女子またはこれに準ずる事情にある女子およびその者の監護すべき児童を入所させて，これらの者を保護するとともに，これらの者の自立の促進のためにその生活を支援し，あわせて退所した者について相談その他の援助を行う
保育所	保育を必要とする乳児・幼児を日々保護者の下から通わせて保育を行う
幼保連携型認定こども園	義務教育およびその後の教育の基礎を培うものとしての満3歳以上の幼児に対する教育および保育を必要とする乳幼児に対する保育を一体的に行い，これらの乳幼児の健やかな成長が図られるよう適当な環境を与えて，その心身の発達を助長する
児童厚生施設	児童遊園，児童館等児童に健全な遊びを与えて，その健康を増進し，または情操をゆたかにする
児童養護施設	保護者のない児童（乳児を除く。ただし，安定した生活環境の確保その他の理由により特に必要のある場合には，乳児を含む），虐待されている児童その他環境上養護を要する児童を入所させて，これを養護し，あわせて退所した者に対する相談その他の自立のための援助を行う
障害児入所施設	障害児を入所させて，保護，日常生活の指導および独立自活に必要な知識技能の付与を行う。福祉型と医療型の2種類があり，医療型障害児入所施設では治療もあわせて行う
児童発達支援センター	障害児を日々保護者の下から通わせて，日常生活における基本的動作の指導，独立自活に必要な知識技能の付与または集団生活への適応のための訓練を行う。福祉型と医療型の2種類があり，医療型児童発達支援センターでは治療もあわせて行う
児童心理治療施設	家庭環境，学校における交友関係その他の環境上の理由により社会生活への適応が困難となった児童を，短期間，入所させ，又は保護者の下から通わせて，社会生活に適応するために必要な心理に関する治療及び生活指導を主として行い，あわせて退所した者について相談その他の援助を行う
児童自立支援施設	不良行為をなし，またはなすおそれのある児童および家庭環境その他の環境上の理由により生活指導等を要する児童を入所させ，または保護者の下から通わせて，個々の児童の状況に応じて必要な指導を行い，その自立を支援し，あわせて退所した者について相談その他の援助を行う
児童家庭支援センター	地域の児童の福祉に関する各般の問題につき，児童に関する家庭その他からの相談のうち，専門的な知識および技術を必要とするものに応じ，必要な助言を行うとともに，市町村の求めに応じ，技術的助言その他必要な援助を行うほか，あわせて児童相談所，児童福祉施設等との連絡調整その他の援助を総合的に行う。また，児童相談所の委託を受けて，児童またはその保護者に対する指導も行う

種　類	養育里親	専門里親	養子縁組里親	親族里親
対象児童	要保護児童	次に挙げる要保護児童のうち，都道府県知事がその養育に関し特に支援が必要と認めたもの ①児童虐待等の行為により心身に有害な影響を受けた児童 ②非行等の問題を有する児童 ③身体障害，知的障害又は精神障害がある児童	要保護児童	次の要件に該当する要保護児童 ①当該親族里親に扶養義務のある児童 ②児童の両親その他当該児童を現に監護する者が死亡，行方不明，拘禁，入院等の状態となったことにより，これらの者により，養育が期待できないこと
登録里親数	12,934世帯	728世帯	6,291世帯	631世帯
委託里親数	3,888世帯	168世帯	314世帯	569世帯
委託児童数	4,709人	204人	348人	819人

里親に支給される手当等
※令和4年度単価

里親手当　養育里親　　90,000円（2人目以降90,000円）
（月額）　専門里親　141,000円（2人目141,000円）
※令和2年度から2人目以降の手当額を増額
一般生活費（食費，被服費等，1人当たり月額）乳児　60,670円，乳児以外　52,620円
その他（幼稚園費，教育費，入進学支度金，就職支度費，大学進学等支度費，医療費，通院費等）

図6-4　里親制度の種類
（出典）厚生労働省子ども家庭局家庭福祉課：社会的養育の推進に向けて，令和5年4月，里親制度の概要，p.243，2023

4．母子・女性福祉

（1）母子を取り巻く社会状況と子ども家庭福祉の役割

　第1節の中でも述べたように（P.81），日本の社会は「夫（男性）は経済的側面の働きを担い，妻（女性）は家事と養育面の働きを担う」というジェンダーが根強く残っている。

　例えば，母親と子どものひとり親家庭で乳幼児の子どもがいる場合，保護者が一人で経済的側面と養育面の働き（機能）を担うため，保育所を利用する場合でも保護者自身の身体的・精神的負担は極めて高い。さらに日本では，ひとり親家庭で子どもを育てる女性の多くが先進諸国と比較して低収入の就労状況

におかれている。したがって，子ども家庭福祉にかかわる専門職は，ひとり親家庭の保護者が抱える困りごと（生活課題）を家族の働き（機能）という側面から理解し，適切な相談援助を行っていく必要がある。

　すでに述べたように，現代の日本は高齢社会（人口に占める65歳以上の比率が高い社会）であり，介護を必要とする人たちも多い。そのような社会状況において，子育てと親の介護の両方（ダブルケア）を担う保護者も増えている。このダブルケアにおいてもジェンダーが影響しており，日本の場合，子どもを育てながら働き，家事と自分の親や配偶者の親の介護を担う保護者は女性が多い。子ども家庭福祉の専門職は，さまざまな家族の働き（養育面・経済的側面・介護面・家事面の機能）を支える女性に対して，一人ひとりの状況やニーズ（生活の困りごとや望むこと）に基づき支援する役割も担っている。

（2）母子を支える子ども家庭福祉の政策・施策

　2023（令和5）年度より発足したこども家庭庁は，同年6月に「次元の異なる少子化対策の実現」を図るため，①若い世代の所得を増やす，②社会全体の構造・意識を変える，③全てのこども・子育て世帯を切れ目なく支援するという基本理念に基づくこども未来戦略方針を策定した。このうち「②社会全体の構造・意識を変える」という基本理念について，同方針は「家庭内において育児負担が女性に集中している『ワンオペ』の実態を変え，夫婦が相互に協力しながら子育てし，それを職場が応援し，地域社会全体で支援する社会を作らなければならない」と明示し，子育てにおけるジェンダー平等を標榜している。

（3）女性を取り巻く社会状況と支援制度

　世界経済フォーラム（スイスの非営利財団）の『Global Gender Gap Report 2023』に基づき，内閣府男女共同参画局が公表した日本のジェンダー・ギャップ指数（男性に対する女性の割合／0＝完全不平等，1＝完全平等）は0.647であり，146か国のうち125位であった[3]。このジェンダーギャップ指数とは，世界各国における男女格差を測る指数であり，「経済」「政治」「教育」「健康」の4分野のデータに基づいている。この結果は，日本社会にジェンダー（生物

学的な性別に対する社会的・文化的な性差別の意識や状態）が根強く残っている証左である。そのため，正規雇用の就職が難しい女性は非正規雇用という賃金格差や職層格差が伴う不安定な就労形態となり，経済的側面だけでなく，日常生活や人間関係，将来の人生設計に至る課題をもつ人もいる。

　また，日本には，経済的困窮だけでなく，さまざまな事情（性的被害，ドメスティック・バイオレンス〔DV〕，家族関係，家庭環境など）で支援を必要とする女性もいる。そこで国は，関連法規（「配偶者からの暴力の防止及び被害者の保護等に関する法律」など）との整合性を図りつつ，2022（令和4）年5月に「困難な問題を抱える女性への支援に関する法律」を制定した。同法に基づき，国は，行政計画の策定，女性相談支援センター・女性自立支援施設の運営，女性相談支援員の相談援助などによる包括的な支援体制と官民協働体制を整備し，支援を必要とする女性たちに対する切れ目のない支援を進めている。

　また，2022（令和4）年12月に閣議決定された第5次男女共同参画基本計画は「女性に対する暴力」が「犯罪となる行為をも含む重大な人権侵害である」と記し，「その予防と被害回復のための取組を推進し，暴力の根絶を図ることは男女共同参画社会を形成していく上で克服すべき重要な課題であり，国の責務」と明示している[4]。

　さらに2023（令和5）年6月，「刑法及び刑事訴訟法の一部を改正する法律」と「性的な姿態を撮影する行為等の処罰及び押収物に記録された性的な姿態の影像に係る電磁的記録の消去等に関する法律」が制定され，性犯罪に対する法的措置が強化・拡充された。

■引用文献
1）こども家庭庁：令和4年度　児童相談所での児童虐待相談対応件数，pp.1-4
2）厚生労働省：令和3年度　福祉行政報告例の概況，pp.7-8
3）内閣府男女共同参画局ホームページ（https://www.gender.go.jp/international/int_syogaikoku/int_shihyo/index.html）
4）内閣府：女性に対する暴力の根絶に向けた内閣府の取組（概要），p.1，2023

第7章 障害者の福祉

●● アウトライン ●●

1．障害者の生活の現状と課題

要　点

◎障害者が地域で暮らしていくためには，サービスの質，情報提供のあり方，地域住民の理解など，多くの課題がある。

キーワード

障害の特性　老障介護　地域の理解　サービスの質

2．障害の概念と分類

要　点

◎長い間障害者の人権は制限されてきたが，社会が障害に配慮して，共に地域で暮らすというノーマライゼーションの理念が基本となっている。

◎障害の概念は，環境との相互作用に視点を当てるようになった。

キーワード

障害者基本法　ノーマライゼーション　バンク・ミケルセン　ICF　バリアフリー

3．障害者の福祉に関する法規

要　点

◎障害者福祉は，障害者基本法，身体障害者福祉法，知的障害者福祉法を中心に進められてきたが，障害者自立支援法（現，障害者総合支援法）により転換を迎えた。

キーワード

障害者自立支援法　障害者総合支援法　障害者虐待

4．障害者福祉の実施体制とサービス

要　点

◎障害者福祉のサービスは，行政による「措置」から利用者が選ぶ「契約」へと移行し，現在は障害者総合支援法に基づき実施されている。

◎障害児の福祉サービスには，乳幼児健診等による早期発見，自立支援医療，居宅介護や短期入所などの居宅サービス，障害児通所・入所支援などの施設サービスがある。

キーワード

生活のしづらさなどに関する調査　措置　契約　障害者総合支援法
早期発見・早期療育　自立支援医療　障害児通所支援　障害児入所支援

5．障害者福祉の今後の課題

要　点

◎障害者が自立した生活を送るためには，生涯を見通した教育・保育の必要性，きめ細かなサービスと，それを支える専門職の養成が今後の課題となる。

キーワード

障害基礎年金　障害者虐待防止法　エンパワメント　ストレングス視点

注）現在は「障害」ではなく「障碍」や「障がい」という表記も用いられているが，本書では法律での表記に合わせて「障害」を使用している。

1．障害者の生活の現状と課題

（1）障害者の生活の現状

　障害者（児）や福祉について，みなさんはどのようなイメージをもち，どのくらい知識があるだろうか。まず最初に，障害のあるＡさんの生活を読んで，障害者の生活について考えてみよう。

●事例４：自閉症と軽度の知的障害があるＡさんの場合●

　Ａさんは，現在44歳の男性である。自閉症と軽度の知的障害があるが，発達の問題が障害であることを診断されたのは小学校１年生のときだった。当時は自閉症の認知度も低く，対応できる機関も専門家もほとんどいなかった。両親はわずかな情報をもとにほとんど我流で育ててきた。叱ることも多かった。

　幼稚園１年保育，通常の小学校・中学校を経て，通信制の高校を卒業してからは在宅で暮らしている。会話もある程度でき学校の勉強も一部は可能であったことから，28歳まで障害の認定を受けず，サービスも利用しなかった。

　30歳のときにさまざまな事情から，長年住み慣れたＢ市からＣ市に引っ越したが環境の変化になかなか適応できず，状態は悪くなった。施設に通い始めたが，37歳のときに生活のすべてを取りまとめていた父親が急に病気のため死亡し，もともと精神的に不安定な母親と２人で暮らすことになった。

　同時にヘルパーなどのサービスも使うようになったが，サービスではすべてはまかない切れず，母親との衝突が増えてきた。そのためＡさんは，大声をあげたり物を投げたりして近所からの苦情も増加し，ついには近所の何軒からか「出ていってくれ」とか「こんなばかは生かしておいても仕方がない」というような，人権を無視した言動を繰り返されるようになってしまう。

　Ａさんを我流で育ててきた母親は，Ａさんへの対応を障害の特性を配慮せず，あくまでも我流で押し通そうとするため，ますますＡさんは荒れていく。

　そのように悪い状態のＡさんが利用できるようなサービスは，ほとんどないと福祉関係者からは釘をさされている。しかしなによりも，Ａさん自身は住み慣れた地域で暮らすことを強く望んでおり，なんとかＡさんが落ち着けるようなサービスの構築を考えているが，母親への対応も含めて質の高いサービスが必要であり，支援センターの担当職員は非常に苦慮している。

（2）障害者の生活の課題

　みなさんは，この事例を読んでどのように感じるだろうか。「障害」といってもさまざまな種類があり，その程度も人によってさまざまである。また，年齢や家族の状態によって必要とされる支援には違いがある。

　障害者福祉の考え方も入所施設中心の支援から地域生活での支援へと大きく変遷してきている。しかし現実には，特に18歳以上の「障害者」であるＡさんのように家族構成の変化，介護の問題（老障介護）や障害の特性への理解，地域社会の理解，行われるサービスの質の問題など，障害のある人たちが住み慣れた地域社会で暮らしていくためにはいくつもの課題がある。

２．障害の概念と分類

（1）障害の定義

　「障害者」とは，どのような状態にある人たちなのであろうか。

　「障害者基本法」によると，「障害者」とは身体障害，知的障害，精神障害（発達障害を含む）その他の心身の機能の障害がある者で，障害および社会的障壁により継続的に日常生活または社会生活に相当な制限を受ける状態にあるものとされている（第2条）。つまり「障害者」とは，①身体障害，②知的障害，③精神障害，④発達障害，⑤その他の心身の機能の障害があり，障害や社会における制度や慣習，観念などによって「生活がしづらい状態」にある18歳以上の人（障害者），18歳未満の児童（障害児）をさす。

　この定義の変更のポイントは，従来の身体障害・知的障害・精神障害に加えて「発達障害」や「その他の心身の機能の障害がある者」まで範囲を広げたこと，また「社会的障壁」について定義を加えたことにある。このような改正が行われたのは，「障害の概念の変遷」という重要な背景があるからである。

（2）障害の概念と施策の変遷—ノーマライゼーションの浸透へ

1）入所型施設の創設と問題点

　障害者は長い間，世の中の偏見や差別に苦しめられてきた結果，人間として

の生活が保障されてこなかった。そのため19世紀後半から「知的障害者を社会から保護し人間らしい生活をさせたい」という慈善活動や親の希望，社会的な政策などにより入所型の施設がつくられるようになり，施設を利用しての生活ができるようになった。

　しかし，入所型施設における生活では障害者の隔離収容や基本的な生活権が制限され，人権侵害の温床になるなど，多くの問題点が指摘された。1950年代にはデンマークの「知的障害者両親の会」は，入所施設における処遇改善を求めて運動を起こし，バンク・ミケルセンは「1959年法」制定に努力し，障害者の処遇改善につなげていった。その中で「障害のある人が社会（環境）に合わせるのではなく，社会（環境）が障害のある人に合わせる」という考え方を提唱し，「障害は個性として受け止め，共に地域で暮らす生活」を目指す理念は「ノーマライゼーション」と呼ばれた。この理念はその後ヨーロッパから広まり，障害者福祉という分野を超えて今日の福祉の基本的な考え方となった。

2）障害者福祉の制度化

　わが国では，第二次世界大戦後になって「身体障害者福祉法」や「精神薄弱者福祉法（現，知的障害者福祉法）」等が制定されたことにより，障害者福祉が国の制度として取り組まれることとなった。法制度はできても「保護」という視点が強く，障害者の生活環境がすべて改善されたわけではなく，「障害者の人権擁護」などについての対応は不十分であった。

　例えば，知的障害という用語が使われるようになった背景には，二十数年前まで使われていた「精神薄弱」という用語は知的な障害のある人たちを侮蔑する差別用語であり，用語の改善については障害者自身やその家族，支援者など多くの人々から改善要求が出されていた。長い年月を経て，1998（平成10）年9月に「精神薄弱の用語の整理のための関係法律の一部を改正する法律」が成立し，法律上「精神薄弱を知的障害に改める」ことが決まり，「精神薄弱」という用語が法律上廃止されることとなった。このように，用語1つ1つについても，人権擁護の意識を重視した改善がなされてきている。

3）地域福祉中心の社会へ

　障害者の福祉については，ノーマライゼーションの理念の浸透もあり，1981

（昭和56）年の「国際障害者年」翌年の「障害者に関する世界行動計画」で決められた，1983年から10年間の「国連障害者の十年」等国際的な動向を踏まえ，入所，施設中心の施策から，障害者のQOL（quality of life：生活の質）向上に向けた地域福祉中心の施策へと変化していっている。

　また，1980年に世界保健機関（WHO）が国際障害分類（ICIDH）において採択し，障害を，①機能低下（impairment），②能力障害（disability），③社会的不利（handicap）の３つのレベルに分類した。このレベルは，病気やけがなどで「できない」ことが機能低下であり，そのために日常生活の中で活動が制約されることが能力障害，さらにその結果，就労が困難になり通常の社会生活が滞ってしまうことが社会的不利であるととらえ，「できない」というマイナスの視点からの概念が規定されていた。

（3）障害の概念の変化—ICFの視点

　その後も「ノーマライゼーション」の基本理念をもとに，障害に対する考え方も大きく変化している。ICF（International Classification of Functioning, Disability and Health：国際生活機能分類）は，人間の生活機能と障害の分類法として，2001（平成13）年５月，WHO総会において採択され，これまでのWHOの国際障害分類（ICIDH）がマイナス面を分類するという考え方が中心であったのに対し，ICFは，生活機能というプラス面からみるように視点を転換し，さらに，環境因子等の観点を加えたことが特徴である（図7-1）。例えば，バリアフリー等の環境を評価できるように構成されている。

　つまり，「障害」を，マイナスの「できないこと」「劣っていること」としてとらえるのではなく，「できること」「優れているところ」を探し，その部分を生かし，また伸ばしていくという肯定的な考え方をしている。高齢者や妊娠している人など，障害の有無にかかわらず，何らかの理由で「生活のしづらさ」を感じている人たちも対象としている。特に環境因子については，「個人的な環境因子」（物的環境・人的環境），「社会的な環境因子」（福祉・医療サービス・法律・制度など）に分類され，それらは相互に関係しており，特に環境因子は個人の「生活しやすさ・暮らしにくさ」を作用する大きなポイントである。

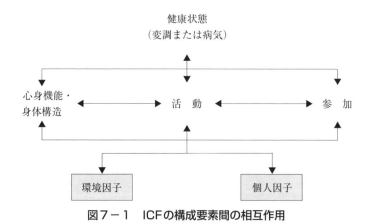

図7－1　ICFの構成要素間の相互作用

3．障害者の福祉に関する法規

　わが国の障害者福祉は，第二次世界大戦後の人権思想や福祉思想，平和思想の高まりとともに，「児童福祉法」（1947（昭和22）年），「身体障害者福祉法」（1949（昭和24）年），「精神薄弱者福祉法（現，知的障害者福祉法）」（1960（昭和35）年），「精神衛生法（現，精神保健及び精神障害者福祉に関する法律）」（1950（昭和25）年），「心身障害者対策基本法」（1970（昭和45）年，1993（平成5）年に「障害者基本法」に改正）など，障害者福祉関係の重要な法律が相次いで制定され，2005（平成17）年にはこれまでのように身体障害や知的障害，精神障害という障害の種類により利用できる福祉サービスの制度が異なるのではなく，「全ての障害者が必要とするサービスを等しく利用できる」ことを目的とした「障害者自立支援法（現，障害者の日常生活及び社会生活を総合的に支援するための法律。略称，障害者総合支援法）」が成立し，障害者福祉は名実ともに大きな転換期を迎えることとなった。

　こうした動向の背景には，2006年12月13日に国際連合で「障害者権利条約」が採択され，障害者福祉への国際的な対応が必要となったことが考えられる。

　この権利条約に，日本政府は2007年9月28日に署名したが，批准はできなかった。2013（平成25）年になって国内の多くの法律に記載されていた障害者に

対する差別条項の撤廃や権利保障の法制度の整備がなされ，2013年12月4日の参議院本会議でようやく批准が承認され，翌年1月に批准された。

　以下に障害者福祉に関する主な法制度の概要を紹介する。

（1）児童福祉法

　「児童福祉法」は，児童や家庭福祉に関する国の基本的な考え方や取り組みについて定めた法律であるが，障害児の福祉に関する国の取り組みについて詳細に説明されている。障害児の福祉については，これまで児童独自の取り組みが行われてきたが，後述する「障害者自立支援法（現，障害者総合支援法）」の成立に伴い，障害者に関する福祉制度が児童を含めて一元化され，障害児のための福祉施設が，障害児入所施設，児童発達支援センターとして改変されるなど，これまでの障害児福祉は大きな転換期を迎えることとなった。

（2）身体障害者福祉法

　「身体障害者福祉法」は，そもそも戦争により身体に障害をもった人たちの救済を目的として制定された法制度である。「身体障害者の自立と社会経済活動への参加を促進するため，身体障害者を援助し，及び必要に応じて保護し，もつて身体障害者の福祉の増進を図る」（第1条）ことを目的とし，自立への努力および機会の確保のため身体障害者自身にも「自ら進んでその障害を克服し，その有する能力を活用することにより，社会経済活動に参加することができるように努めなければならない」（第2条第1項），「社会を構成する一員として社会，経済，文化その他あらゆる分野の活動に参加する機会を与えられるものとする」（同第2項）ことなどが示されている。

　国，地方公共団体および国民の責務として「国及び地方公共団体は，前条に規定する理念が実現されるように配慮して，身体障害者の自立と社会経済活動への参加を促進するための援助と必要な保護を総合的に実施するように努めなければならない」（第3条第1項），「国民は，社会連帯の理念に基づき，身体障害者がその障害を克服し，社会経済活動に参加しようとする努力に対し，協力するように努めなければならない」（同第2項）としている。

　また，「身体障害者福祉法」における「身体障害者」については，「身体上の障害がある18歳以上の者であつて，都道府県知事から身体障害者手帳の交付を受けたもの」（第4条）と定められている。

（3）知的障害者福祉法

　「知的障害者福祉法」は，知的障害者の福祉増進を目的とした法律であり，「障害者の日常生活及び社会生活を総合的に支援するための法律と相まつて，知的障害者の自立と社会経済活動への参加を促進するため，知的障害者を援助するとともに必要な保護を行い，もつて知的障害者の福祉を図ること」（第1条）を目的としている。知的障害者の自立を促進するために，「すべての知的障害者は，その有する能力を活用することにより，進んで社会経済活動に参加するよう努めなければならない」（第1条の2第1項）とし，「すべての知的障害者は，社会を構成する一員として，社会，経済，文化その他あらゆる分野の活動に参加する機会を与えられるものとする」（同第2項）と定められているが，法の対象となる者について規定が示されていないことが指摘されている。

（4）精神保健及び精神障害者福祉に関する法律

　精神障害者に対する支援は，「精神衛生法」（1950（昭和25）年制定）に基づき医療を中心とした支援を中心として進められてきたが，精神障害者の自立生活支援を目指した福祉的な支援の必要性が求められたため「精神衛生法」が改正され，「精神保健法」となり（1987（昭和62）年），さらに「精神保健及び精神障害者福祉に関する法律」が制定された（1995（平成7）年）。

　この法律は，「精神障害者の医療及び保護を行い（中略）その社会復帰の促進及びその自立と社会経済活動への参加の促進のために必要な援助を行い，並びにその発生の予防その他国民の精神的健康の保持及び増進に努めることによつて，精神障害者の福祉の増進及び国民の精神保健の向上を図る」（第1条）ことを目的としている。この法律の対象となる精神障害者については，「『精神障害者』とは，統合失調症，精神作用物質による急性中毒又はその依存症，知的障害，精神病質その他の精神疾患を有する者をいう」（第5条）と定めている。

（5）障害者基本法

「障害者基本法」は国の障害者施策の根幹をなし，「全ての国民が，障害の有無にかかわらず，等しく基本的人権を享有するかけがえのない個人として尊重されるものであるとの理念にのつとり，全ての国民が，障害の有無によつて分け隔てられることなく，相互に人格と個性を尊重し合いながら共生する社会を実現するため，障害者の自立及び社会参加の支援等のための施策に関し，基本原則を定め，及び国，地方公共団体等の責務を明らかにするとともに，障害者の自立及び社会参加の支援等のための施策の基本となる事項を定めること等により，障害者の自立及び社会参加の支援等のための施策を総合的かつ計画的に推進することを目的とする」（第１条）と法律の目的が示されている。

同法は1970（昭和45）年に「心身障害者対策基本法」として制定され，1993（平成５）年の大幅な改正により，現在の名称となった。同法では，第２条第１号において障害ということに対するWHO（世界保健機関）などの国際的な動向を踏まえ，「社会的障壁」という概念を導入し，これまでの障害者という概念が大きく変更された。社会的障壁については「障害がある者にとつて日常生活又は社会生活を営む上で障壁となるような社会における事物，制度，慣行，観念その他一切のものをいう」（第２条第２号）と定義されている。

障害者の自立および社会参加の支援等のための施策としては，医療や介護，年金や教育，療育，職業相談や雇用の促進，住宅の確保，公共施設のバリアフリー化の促進，経済的負担の軽減など，障害者の自立および社会参加の支援等のための基本的な施策などが示されている。

（6）発達障害者支援法

「発達障害者支援法」は，1993（平成５）年に「障害者基本法」の改正が行われた際に，自閉症や学習障害など，これまでの障害者の概念ではさまざまな福祉制度を利用できない人たち（いわゆる，法律の狭間におかれている人）の存在が明らかとなり，こうした人たちの救済策を検討することが国会の付帯決議としてつけられたことから，2005（平成17）年４月に施行された法律で，2016（平成28）年に改正された。

　第1条では「発達障害者の心理機能の適正な発達及び円滑な社会生活の促進のために発達障害の症状の発現後できるだけ早期に発達支援を行うとともに，切れ目なく発達障害者の支援を行うことが特に重要であることに鑑み，障害者基本法の基本的な理念にのっとり，発達障害者が基本的人権を享有する個人としての尊厳にふさわしい日常生活又は社会生活を営むことができるよう」支援を図ることなどが示されている。

　法の対象となる発達障害については「『発達障害』とは，自閉症，アスペルガー症候群その他の広汎性発達障害，学習障害，注意欠陥多動性障害その他これに類する脳機能の障害であってその症状が通常低年齢において発現するものとして政令で定めるものをいう」（第2条第1項）と定められている。

（7）障害者総合支援法（旧 障害者自立支援法）

　「障害者自立支援法」は，これまで身体障害や知的障害，精神障害など障害別に整備されてきた制度を障害の種別という壁を取り除き，1つの制度に組み替えることにより，障害者の福祉増進を目的として成立した法律である。

　同法は，障害者の自立を促進するためにこれまでの福祉サービス制度の全面的な見直しが行われ，福祉サービスの利用方法については「原則として措置制度を廃止し，介護保険制度などに準じた利用契約に基づく制度」に変更された。利用料についても，これまでの応能負担制度から応益負担制度に変更された。

　法施行後，費用負担については，利用するサービスの制限や費用負担が障害者の生活を圧迫するものもあり，「憲法で保障する基本的人権を阻害する」ものであるとの違憲訴訟が提訴された。「障害者自立支援法を廃止し新法を制定する」ことなどを骨子とした合意文書が，障害者自立支援法違憲訴訟の原告団・弁護団と厚生労働省との間で交わされ，2013（平成25）年4月に「障害者自立支援法」を一部改正し，「障害者の日常生活及び社会生活を総合的に支援するための法律（略称，障害者総合支援法）」とされ，「自立」のかわりに「基本的人権を享有する個人として尊重される」ことや，身近な場所で必要な支援を得られること，社会参加の確保，社会的障壁の除去に関する規定や，障害者の定義に発達障害者や難病等の追加が行われた。

（8）障害者虐待の防止，障害者の養護者に対する支援等に関する法律

「障害者虐待の防止，障害者の養護者に対する支援等に関する法律（略称，障害者虐待防止法）」は，「児童虐待の防止等に関する法律」「高齢者虐待の防止，高齢者の養護者に対する支援等に関する法律」に続いて2011（平成23）年に制定された法律である。

障害者虐待は「養護者による障害者虐待，障害者福祉施設従事者等による障害者虐待及び使用者による障害者虐待をいう」（第2条第2項）と定義されており，親族による，当該障害者の財産を不当に処分したり不当に財産上の利益を得ることなどの行為を禁じている。

障害者に対する虐待行為を防止するために，就学する障害者に対する虐待の防止等（第29条），保育所等に通う障害者に対する虐待の防止等（第30条），医療機関を利用する障害者に対する虐待の防止等（第31条），市町村障害者虐待防止センター（第32条）や都道府県障害者権利擁護センター（第36条）の設置などについて規定されている。

障害者虐待防止法は制定されてから間もないが，障害者の基本的人権の擁護を保障するためには不可欠な法律である。

（9）障害を理由とする差別の解消の推進に関する法律

障害を理由とした差別を解消することを目的として，2013（平成25）年に制定され，2016（平成28）年4月に施行された法律である。

障害者の基本的人権の保障等を実現していくために，障害を理由とする差別の解消の推進に関する基本的な事項や，行政機関等および事業者における障害を理由とした差別を解消するための措置等を定めており，第1条には「障害を理由とする差別の解消を推進し，もって全ての国民が，障害の有無によって分け隔てられることなく，相互に人格と個性を尊重し合いながら共生する社会の実現に資することを目的とする」と示されている。

差別を解消するための措置等とは，国・地方公共団体や事業者における障害者への不当な差別的取り扱いの禁止や，合理的配慮の提供を義務づけたものであり，2021（令和3）年の改正では，事業者による合理的配慮の提供が，努力

義務から法的義務へと変更された（2024（令和6）年4月1日施行）。なお，合理的配慮とは，行政機関等と事業者が，その事務・事業を行うに当たり，個々の場面で障害者から「社会的なバリアを取り除いてほしい」旨の意思の表明があった場合，その実施に伴う負担が過重でないときに社会的なバリアを取り除くために必要かつ合理的な配慮を講ずることである。

4．障害者福祉の実施体制とサービス

（1）障害者福祉の実施体制

1）障害者（児）の現状

2016（平成28）年に行われた「生活のしづらさなどに関する調査（全国在宅障害児・者等実態調査）」によると，障害者の現状は以下のとおりである。なお，障害があることを認定されサービスを利用するにあたって，身体障害者（児）は「身体障害者手帳」，知的障害者（児）は「療育手帳」，精神障害者（児）は「精神障害者保健福祉手帳」を交付されることになっている。

身体障害者手帳所持者は全国で4,287,000人（人口比3.4％）と推計され，前回（2011（平成23）年）調査の3,864,000人（人口比3.0％）に比べ10.9％増加し

表7−1　障害の種類別にみた身体障害者手帳所持者の年次推移（推計値）

| | 推計数（千人）（構成割合：%） | | | | | |
	総数	視覚障害	聴覚・言語障害	肢体不自由	内部障害	重複障害（再掲）
1996（平成8）年	3,014（100%）	311（10.3）	366（12.1）	1,698（56.3）	639（21.2）	183（6.1）
2001（平成13）年	3,327（100%）	306（9.2）	361（10.9）	1,797（54.0）	863（25.9）	181（5.4）
2006（平成18）年	3,576（100%）	315（8.8）	360（10.1）	1,810（50.6）	1,091（30.5）	325（9.1）
2011（平成23）年	3,864（100%）	316（8.2）	324（8.4）	1,709（44.2）	930（24.1）	176（4.6）
2016（平成28）年	4,287（100%）	312（7.3）	341（8.0）	1,931（45.0）	1,241（28.9）	761（17.7）

（注）2011（平成23）年と2016（平成28）年の総数には障害の種類が不詳（2011年：585千人，15.1％，2016年：462千人，10.8％）を含む。
（資料）厚生労働省：平成28年生活のしづらさなどに関する調査結果，2018

表7－2　療養手帳所持者数，知的障害の程度別年次推移（推計値）　（単位：千人）

年　次	総　数	障害の程度		
		重　度	その他	不　詳
1995（平成7）年	297	128	159	10
2000（平成12）年	329	138	151	40
2005（平成17）年	419	165	204	50
2011（平成23）年	622	242	303	77
2016（平成28）年	962	373	555	34

（資料）厚生労働省：平成28年生活のしづらさなどに関する調査結果，2018

表7－3　精神障害者保健福祉手帳交付者数の推移　各年度末（単位：人）

	総数	1級	2級	3級
1996（平成8）年度	59,888	17,150	31,749	10,992
2000（平成12）年度	185,674	47,849	105,464	32,361
2005（平成17）年度	382,499	71,960	233,313	77,226
2010（平成22）年度	594,504	93,908	368,041	132,555
2015（平成27）年度	863,649	112,347	519,356	231,946
2020（令和2）年度	1,180,269	128,216	694,351	357,702
2022（令和4）年度	1,345,468	134,005	787,137	424,326

（注）　1）各年度交付者数から有効期限切れのものを除いた数である。
　　　　2）2010（平成22）年度は，東日本大震災の影響により，宮城県のうち仙台市以外の市町村を除いて集計した数値である。
（資料）厚生労働省：衛生行政報告例

ている。障害の種類別にみると，肢体不自由が45.0％，内部障害が28.9％，聴覚・言語障害が8.0％，視覚障害が7.3％となっている（表7－1）。療育手帳を所持する在宅の知的障害者（児）は，962,000人と推計されている（表7－2）。

また，精神疾患による2017（平成29）年の患者数は約419万人（入院患者は約30万人，外来患者は約389万人）と推計されている。精神障害者保健福祉手帳の交付者は1,345,468人（2022（令和4）年）が登録されている（表7－3）。

2）わが国の障害者福祉サービスの動向

わが国の現在の障害者福祉サービスは，「障害者総合支援法」に基づき，図7－2，表7－4のように実施されている。

わが国の障害者福祉は，1949（昭和24）年に「身体障害者福祉法」，1960（昭

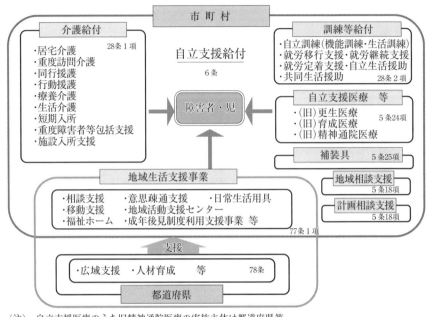

市町村

介護給付

・居宅介護　　　28条1項
・重度訪問介護
・同行援護
・行動援護
・療養介護
・生活介護
・短期入所
・重度障害者等包括支援
・施設入所支援

自立支援給付

6条

障害者・児

訓練等給付

・自立訓練(機能訓練・生活訓練)
・就労移行支援・就労継続支援
・就労定着支援・自立生活援助
・共同生活援助　　　　28条2項

自立支援医療　等

・(旧)更生医療　　　5条24項
・(旧)育成医療
・(旧)精神通院医療

補装具　　　5条25項

地域相談支援
　　　　　5条18項

計画相談支援
　　　　　5条18項

地域生活支援事業

・相談支援　　・意思疎通支援　　・日常生活用具
・移動支援　　・地域活動支援センター
・福祉ホーム　・成年後見制度利用支援事業　等

77条1項

支援

・広域支援　・人材育成　　　等　　　78条

都道府県

(注)　自立支援医療のうち旧精神通院医療の実施主体は都道府県等。

図7-2　総合的なサービスの体系

(出典)厚生労働統計協会編：国民の福祉と介護の動向2023/2024, p.156

和35)年に「精神薄弱者福祉法(現，知的障害者福祉法)」，1995(平成7)年に「精神保健及び精神障害者福祉に関する法律(略称，精神保健福祉法)」が制定され，障害の種別ごとにサービス体系が整備されてきた。また，福祉サービスの内容は「措置」であり，利用者側が選ぶことはできなかった。そこから利用者側がサービスを選ぶことができる「契約」となり，2003(平成15)年度の支援費制度へと移行していった。その後，支援費制度から，2006(平成18)年4月より「障害者自立支援法」が施行された。この法律により，利用料の1割定額負担，障害の種別にかかわらずサービスの一元化，就労支援の強化などが行われた。しかし，利用料の負担の問題など違憲訴訟が起こるなどいくつかの問題点が指摘され続けた。そして，「障害者自立支援法」を抜本改正する形で，2013(平成25)年4月から「障害者総合支援法」が施行され，サービス利用料の応能負担の仕組みも盛り込まれた。

表７－４　自立支援給付の内容

介護給付	居宅介護	自宅において入浴，排せつ，食事の介護等を行う
	重度訪問介護	重度の肢体不自由者等で常に介護を必要とする人に，自宅で，入浴，排せつ，食事の介護，外出時における移動支援などを総合的に行う
	行動援護	自己判断能力が制限されている人が行動するときに，危険を回避するために必要な支援，外出支援を行う
	同行援護	視覚障害により，移動に著しい困難を有する人に，移動に必要な情報の提供（代筆・代読を含む），移動の援護等の外出支援を行う
	重度障害者等包括支援	介護の必要性がとても高い人に，居宅介護等複数のサービスを包括的に行う
	短期入所	自宅で介護する人が病気の場合などに，短期間，夜間も含め施設において入浴，排せつ，食事の介護等を行う
	療養介護	医療と常時介護を必要とする人に，医療機関で機能訓練，療養上の管理，看護，介護および日常生活の世話を行う
	生活介護	常に介護を必要とする人に，昼間，入浴，排せつ，食事の介護等を行うとともに，創作的活動または生産活動の機会を提供する
	施設入所支援	施設へ入所する人に，夜間や休日，入浴，排せつ，食事の介護等を行う
訓練等給付	自立訓練	自立した日常生活や社会生活を送れるよう，一定期間，身体機能または生活能力の向上のために必要な訓練を行う
	就労移行支援	一般企業等への就労を希望する人に，一定期間，就労に必要な知識および能力の向上のために必要な訓練を行う
	就労継続支援	一般企業等での就労が困難な人に，働く場を提供するとともに，知識および能力の向上のために必要な訓練を行う
	就労定着支援	就労移行支援等を経て一般就労した人に必要な支援を行う
	自立生活援助	施設を出て一人暮らしを希望する人に，必要な理解力や生活力を補う支援を行う（利用期間は12か月）
	共同生活援助	夜間や休日，共同生活を行う住居で，相談や日常生活上の援助を行う

（資料）厚生労働統計協会編：国民の福祉と介護の動向2023/2024，pp.157-158をもとに作成

（２）障害児の福祉サービス

１）障害児の現状と課題

　次の事例を読んで，障害のある，またはその可能性がある子どもたちの問題について考えてみよう。

●事例５：２年目の保育士の悩み●

　私は，保育園に勤務して２年目の保育士で，現在３歳児クラスを担任しているが，今年の４月に入園してきた子どもたちの保育のことで悩んでいる。

　Ｂちゃんは，少し言葉の発達が遅く落ち着きがない。特に，集団での行動が苦手で毎日保育室から出ていってしまう。保護者には，送迎の際にはできるだ

け現在困っている点についてお話しするが、「家では特に困っていません」「先生の対応が悪いのではないですか」と深刻には受け止めていないようで、最近は話しかけようとすると避けられてしまう。

　早く障害の有無をはっきりさせたほうがいいのに……と思って気持ちばかりが焦ってしまい、Ｂちゃんへの対応もよくわからないまま、ついきつく叱ったり、無理に教室に連れて帰ったりしてしまい、Ｂちゃんとの信頼関係もできていない状態である。

　この事例のＢちゃんは現在、まだ何か発達上の問題があるのかないのか正式に診断されていない状況である。子どもたちは、家族の不和や家庭環境の変化・虐待などさまざまなストレスの影響を受けやすく、落ち着かない状態になったり行動上の問題を起こしたりする可能性は大いにある。障害の有無の結果にかかわらず、そのような状態の子どもたちへの幼児期の対応はその後に大きな影響を及ぼす可能性があるので、保育者のかかわりは非常に重要であるといえよう。

　なんらかの障害があると診断された場合は、障害児（18歳未満）への福祉サービスを利用することができる。サービスの内容等について以下に示す。

２）障害児の定義

　「児童福祉法」によれば障害児とは、身体に障害のある児童、知的障害のある児童、精神に障害のある児童（発達障害児を含む）または難病等の児童とされている。福祉サービスを受けるためには、身体障害児には身体障害者手帳、知的障害児には療育手帳が交付されている。

３）障害のある子どもへの福祉サービス

　障害のある子どもへの福祉サービスは、「障害者総合支援法」と「児童福祉法」によって行われている。

１　予　　防

　国や地方公共団体は、障害の原因となる傷病とその予防に関する調査や研究を促進し、「母子保健法」に基づく母子保健施策の充実強化、療育に関する研究が進められている。

2 早期発見・早期療育

乳幼児の疾病や障害の早期発見は重要であり，障害のある人のその後の人生における影響は大きい。「母子保健法」に定められている1歳6か月児健康診査と3歳児健康診査は市町村が実施しており，早期発見・早期療育に貢献している。

3 自立支援医療

身体障害児が対象であり，手術や医療により障害が除去，または軽減できる可能性がある場合に，指定医療機関において支給が行われている。

① 相 談 支 援

障害児についての相談・指導については児童相談所が行政の第一線機関であり，児童とその保護者からの相談に応じ，必要な調査・判定を行い，助言指導を行ったり施設入所などの措置を行う。その他の機関として保健所では，障害児への医療や療育指導が行われている。

また，「障害者自立支援法」の施行に伴い2006（平成18）年10月から障害者相談支援事業が市町村の必須事業となり，一般的な相談支援の実施や都道府県による障害児等療育支援事業が行われている。

2012（平成24）年からは「障害者自立支援法」をはじめとした各法律が一部改正されたことにより，障害児相談支援が「児童福祉法」に位置づけられ，障害児支援利用援助が行われている。

② 居宅サービス

居宅介護（ホームヘルプ）は，自宅で，入浴，排せつ，食事の介護等を行う。短期入所（ショートステイ）は，介護する人が病気などの場合に短期間，夜間も含め施設で，入浴，排せつ，食事の介護等を行う。

③ 施設サービス

2010（平成22）年の「児童福祉法」改正により，障害児通所支援と障害児入所支援とに分けられた（表7－5）。また，児童発達支援センター（障害児通所支援）と障害児入所施設（障害児入所支援）が「児童福祉法」において新たに位置づけられた。

表7-5　障害児通所支援と障害児入所支援

障害児通所支援	児童発達支援	児童発達支援センターなどに通い，日常生活での基本的な指導・集団生活への適応訓練などを行う
	医療型児童発達支援	肢体不自由のある児童が医療型児童発達支援センターや指定発達支援医療機関に通い，児童発達支援や治療を行う
	放課後等デイサービス	学校（幼稚園・大学を除く）に就学している障害児を，授業の終了後または休業日に，児童発達支援センターやその他の厚生労働省令で定める施設において，生活能力向上のために必要な訓練や社会との交流などを行う
	保育所等訪問支援	保育所や幼稚園などに通う障害児やスタッフに対し，障害児以外の児童との集団生活適応のための専門的な支援や助言指導などを行う
障害児入所支援	福祉型障害児入所施設	保護，日常生活の指導および独立自活に必要な知識技能の付与
	医療型障害児入所施設	保護，日常生活の指導，独立自活に必要な知識技能の付与および治療

■障害児通所支援

　「児童福祉法」では「障害児通所支援とは，児童発達支援，医療型児童発達支援，放課後等デイサービス，居宅訪問型児童発達支援及び保育所等訪問支援をいい，障害児通所支援事業とは，障害児通所支援を行う事業をいう」（第6条の2の2第1項）とされている。

■障害児入所支援

　「児童福祉法」では，「障害児入所支援とは，障害児入所施設に入所し，又は指定発達支援医療機関に入院する障害児に対して行われる保護，日常生活の指導及び知識技能の付与並びに障害児入所施設に入所し，又は指定発達支援医療機関に入院する障害児のうち知的障害のある児童，肢体不自由のある児童又は重度の知的障害及び重度の肢体不自由が重複している児童（以下，「重症心身障害児」という。）に対し行われる治療をいう」（第7条第2項）とされている。

5．障害者福祉の今後の課題

（1）障害者の自立支援

　障害のある人が地域で生活するためには，さまざまな面で「自立」することが必要であると考えられている。しかし以前のように，「できないことが努力

してできるようになる」という自立ではなく，自分の能力を最大限に発揮し，できないことについては支援を受ける「支援付きの自立」が可能となるような支援体制が必要であるという考え方になってきている。

　もちろん，働きたいと思う人にはそのための支援が必要である。働くことは，経済的，社会参加，生きがいなど多方面で障害者の生活をより充実したものにするために重要である。障害者の雇用に関しては就労移行支援事業等により，福祉的就労から一般就労への移行を支援する仕組みづくりが重視されており，雇用の分野における差別の禁止や，障害者が職場で働くための環境の改善の義務も求められている。しかし障害者雇用の現状は，2023（令和５）年において民間企業の法定雇用率2.3%に対して，雇用障害者数は64万2,178.0人と過去最高を更新し，法定雇用率達成企業は50.1%，実雇用率は2.33%である。公的機関の法定雇用率2.6%，都道府県などの教育委員会2.5%に対し，実雇用率は国2.92%，都道府県2.96%，教育委員会2.27%などとなっており，国などは一定の改善がみられるが，実際に障害者が就職するには厳しい現実がある。なお，法定雇用率は，2024（令和６）年から段階的に引き上げられ，2026年７月以降は民間企業2.7%，公的機関3.0%，教育委員会2.9%となる。また，作業所などの福祉的就労の賃金は非常に低く，障害基礎年金などの収入と合わせても地域での生活に十分な経済的保障とはいいがたい。

（2）今後の障害者福祉の課題

　以上のような状況を踏まえ，今後の障害者福祉の課題として特に以下の３点が重要である。

1）乳幼児期から生涯にわたるライフスタイルを考えた教育・保育の必要性

　保育や幼児期の教育において，障害のある子どもやその可能性を感じる子どもと出会うことは非常に高くなっている。障害の早期発見はいうまでもなく，その後どのような支援が提供されるかは，障害のある子どもや家族にとって大きな意味をもっている。その子の青年期や成人期を見据えた上で能力に応じたコミュニケーション方法の開発や，子どもの気持ちに寄り添った支援が提供されることが必要である。そのためには，障害についての基礎的・専門的な学び

も必要であるが，幼児期にかかわる支援者は，青年期・成人期の障害者の様子
や課題について知る必要がある。そして，具体的なケースをもとに，このような状態になるためには（ならないためには），幼児期にどのような支援がなされるべきなのかを，個々のケースに応じて検討していくことが必要である。

　また，この時期の家族は，障害の受容については非常に不安定な時期でもある。家族がわが子の状態をどのように受け止め，今後を過ごしていくか家族とともに考えていき，福祉サービスとの信頼関係を家族と構築していくことは，障害のある本人の人生にとって大きな意味をもつといえよう。

2）よりよい生活環境を提供するための福祉サービスの構築

　障害があっても地域でよりよい人生を送るためには，家族の加齢や病気などさまざまなアクシデントの際にも生活を支えるためのサービスの活用が必要である。経済的な保障ももちろんであるが，生活を支えるためのきめ細かいサービスが必要である。現在のサービスでは，地域生活を支えるために十分なサービス内容とはいいがたい。福祉サービス従事者だけではなく，そのような現状について地域社会においても理解を深めていくための啓蒙活動が重要である。

3）専門性と人間性に富んだ専門職の養成

　ノーマライゼーションの理念のもとに障害者（児）福祉は行われているはずであるが，障害者（児）への虐待をはじめ，不適切な支援は後を絶たない（表7－6）。しかも表面化した問題は氷山の一角にすぎない。そのため2012（平成24）年には，「障害者虐待の防止，障害者の養護者に対する支援等に関する法律（略称，障害者虐待防止法）」が成立した。この法律には「何人も，障害者に対し，虐待をしてはならない」（第3条）と規定されている。つまり，家族や福祉関係者（福祉施設従事者）や雇用主に限らず，広くすべての人に虐待を禁止している。また，障害者自身が虐待をされていると認識していない場合や，「面倒をみてもらっている」という負い目から，家族が声を上げにくいケースが多くあるため，周囲は客観的に状況を把握する必要性がある。2018（平成30）年度の障害者虐待事例への対応状況を表7－7に示す。虐待を未然に防ぐための研修や職場環境の改善など，取り組むべき課題は多い。

　障害者の虐待防止とともに法制度の整備が求められていた「障害者の差別禁

表7−6　障害者虐待の種類・例

①身体的虐待	障害者の身体に外傷が生じるまたは生じるおそれのある暴行を加えたり，正当な理由がないにもかかわらず身体を拘束する。 例：平手打ちをする・殴る・蹴る・壁に叩きつける・つねる・引きずる・身体の拘束・医療的に必要ない投薬で動きを抑制する・無理やり食事をさせる，など
②性的虐待	障害者にわいせつな行為をしたり，させたりする。 例：性交・性器への接触・性的行為の強要・裸にする・わいせつな言葉を言う・わいせつな映像を見せる，など
③心理的虐待	障害者に対する著しい暴言や著しく拒絶的な対応など，障害者に著しい心理的外傷を与えるような言動を行う（使用者による不当な差別的言動を行うことを含む）。 例：侮辱する言葉を浴びせる・怒鳴る・ののしる・悪口を言う・仲間はずれにする・子ども扱いをする・人権を無視した扱いをする・意図的に無視する，など
④放棄・放置	障害者を衰弱させるような著しい減食または長時間の放置，養護者以外の同居人（障害福祉施設従事者等による障害者虐待の場合は他の施設利用者，使用者による障害者虐待の場合には他の労働者）による上記①から③までに掲げる行為と同様の行為の放置等養護を著しく怠ること。 例：必要な食事や水分を与えない・食事の著しい偏りによって栄養状態が悪化している・入浴させない・汚れた服を着続けさせる・排泄の介助をしない・ごみを放置するなど劣悪な環境の中で生活させる・必要な福祉サービスを受けさせない・学校に行かせない・病気やけがの時に受診させない，など
⑤経済的虐待	障害者の財産を承諾なく処分したり，障害者から不当に財産上の利益を得ること。 例：年金や賃金を渡さない・同意なしに財産や預貯金を処分したり運用する・日常生活に必要な金銭を渡さない・使わせない，など

止」について政府は，2013（平成25）年に「障害を理由とする差別の解消の推進に関する法律」を成立させ，2016（平成28）年に施行された。この法律が成立したことを受け，2013年12月４日の参議院本会議において「障害者権利条約の批准」が承認され，翌年１月に批准した（p.104参照）。「障害者権利条約」は2006年に国際連合で採択されたが，日本は国内法の整備などが遅れ，条約の批准ができず国際的には障害者福祉の後進国となっていたが，条約が批准されたことによりようやく国際的な仲間入りができたといえる。

表７－７　障害者虐待事例への対応状況

2022（令和４）年度

	養護者による 障害者虐待	障害者福祉施設 従事者等による 障害者虐待	（参考） 使用者による障害者虐待 （都道府県労働局の対応）
市区町村等への相談・ 通報件数（件）	8,650 (7,337)	4,104 (3,208)	1,230事業所 (1,230事業所)
市区町村等による 虐待判断件数（件）	2,123 (1,994)	956 (699)	430 (392)
被虐待者数（人）	2,130 (2,004)	1,352 (956)	656 (502)

（注）　1）　上記は，2018年４月１日から2019年３月31日までに虐待と判断された事例を集計したもの。
　　　　　　（　　）内については，前回調査（令和３年４月１日から令和４年３月31日まで）のもの。
　　　　2）　都道府県労働局の対応については，令和５年９月８日雇用環境・均等局総務課労働紛争処
　　　　　　理業務室のデータを引用。
（資料）厚生労働省

　そのような経緯を含めて考えると，福祉的な支援に重要なことは，専門性だけではない。加えて，どのような状態にあっても相手をひとりの人間として尊重し，「エンパワメント」視点やその人のよさをいかにして生かしていくかという「ストレングス」視点をもち，アイデアに富んだ支援を提供できる人的環境が必要なのである。このような人間性をもつ人材を育んでいくことこそが，福祉の課題の１つを解決していく一歩である。

■参考文献

・福祉行政法令研究会：障害者総合支援法がよくわかる本，秀和システム，2013
・花村春樹：「ノーマリゼーションの父」Ｎ・Ｅ・バンク－ミケルセン，ミネルヴァ書房，1994
・厚生労働統計協会編：国民の福祉と介護の動向2023/2024，2023
・「10万人のためのグループホームを！」実行委員会編：もう施設には帰らない，中央法規出版，2002
・河東田博ほか：ヨーロッパにおける施設解体，現代書館，2002
・厚生労働省ホームページ：国際生活機能分類—国際障害分類改定版

第8章 高齢者の福祉

●● アウトライン ●●

1．高齢者福祉に関する現状・課題

要 点

◎高齢化率はますます拡大し（2022年度は29.0%），高齢者のみの世帯やひとり暮らし世帯の増加，年金，医療費，要介護高齢者の増加が大きな課題である。

◎合計特殊出生率の減少は，労働力人口や高齢者を支える財政面・マンパワーの面等からみて喫緊の課題である。

◎平均寿命や健康寿命の伸長は，高齢者の老後の生活にとって「生きがい」の場と機会づくりの重要性を高めている。

キーワード

高齢社会　合計特殊出生率　生きがい　要介護高齢者　健康寿命　年金　医療費

2．高齢者福祉の実施体制

要 点

◎高齢者を支える主な法規には，老人福祉法，高齢者医療確保法，老人福祉法等の一部を改正する法律（福祉関係八法の改正），高齢者虐待防止法等がある。

◎高齢者を支える実施行政機関は，国（厚生労働省），都道府県，市町村が重要な役割を果たしている。特に市町村は，介護保険法における保険者として，高齢者に最も身近な実施機関である。

◎高齢者を支える専門職は，社会福祉士，介護福祉士，医師，看護師等，さまざまな職種があり，介護保険法との関係では介護支援専門員が大きな役割を担っている。

キーワード

国　都道府県　市町村　介護支援専門員　高齢者虐待防止法

3．介護保険制度

要 点

◎介護保険法は施行以来6回の改正をしているが，介護と仕事の両立を図るため，地域包括ケアシステムがより重要になっていく。

◎地域包括ケアセンターは，地域支援体制の強化のため重要な機関であり，その役割はますます重要になっている。

キーワード

仕事と介護の両立　地域包括ケア　地域包括支援センター

1．高齢者福祉に関する現状・課題

（1）高齢化と少子化

1）高齢化率29.0％

　2023（令和5）年の高齢社会白書によると，2022（令和4）年10月1日現在のわが国の高齢者数は3,624万人，高齢化率29.0％と上昇し続けている。その内訳は，65歳以上75歳未満が13.5％，75歳以上が15.5％となっており，特に75歳以上の高齢者数の増大が著しい（図8−1）。

　日本の高齢化率の進行は，諸外国と比べ比較的速く，高齢化社会（65歳以上の人口が全人口の7％超）に突入した1970（昭和45）年から高齢社会（65歳以上の人口が全人口の14％超）になった1994（平成6）年までの期間が24年間しかない。そのため，高齢者のためのさまざまな生活環境や労働環境，福祉環境の整備に課題を抱えることとなった。それは，高齢者のいる世帯や高齢者のひとり暮らし世帯の増大，年金や医療費の増大，要介護高齢者の増大，そして生きがい，などの諸課題である。

2）少子化の進行

　一方，日本国内の合計特殊出生率（女性が一生の間に生む子どもの数）は，1971（昭和46）年から1974（昭和49）年の第2次ベビーブーム期はあったものの，戦後から一貫して減少をし続け，2005（平成17）年の1.26人を最低に，2021（令和3）年には1.30人，2022（令和4）年には1.26人と，その割合は低迷を続けている。出生数は，1899（明治32）年の統計開始以来，全体的に低迷し続け，2022年には77万759人と初めて80万人を割り込み，2023（令和5）年の速報値では75万8,631人と，さらに減少している（図8−2）。さらに，出生数の減少は15歳から64歳までの生産年齢人口である現役世代の減少にもつながり，2022年の時点で，1人の高齢者を2.1人の現役世代が支えている状況にあり，その減少傾向は，今後ますます進むことが懸念される（図8−1）。

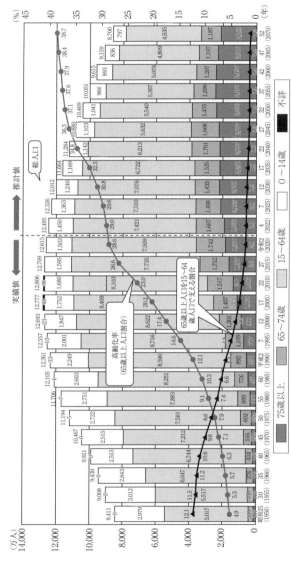

図8－1　高齢化の推移と将来推計

（出典：令和5年版高齢社会白書. 2021）

資料：棒グラフと実線の高齢化率については、2020年までは総務省「国勢調査」（2015年及び2020年は不詳補完値による）、2022年は総務省「人口推計」（令和4年10月1日現在（確定値）、2025年以降は国立社会保障・人口問題研究所「日本の将来推計人口（令和5年推計）」の出生中位・死亡中位仮定による推計結果。

（注1）2015年及び2020年の年齢階級別人口については、不詳補完値によっているため、2020年までの高齢化率を算出する際には、不詳補完値に基づいて算出した人口を分母として用いている。2025年以降の年齢階級別人口は、総務省統計局「令和2年国勢調査」（不詳補完値）の人口を基準とているため、年齢不詳は存在しない。一方、2020年までの年齢階級別人口には分母から年齢不詳を除いている。従って、2025年以降の高齢化率を算出する際には、年齢不詳を含んでいる。なお、1950年及び1955年において割合を算出する際には、（注2）における沖縄県の一部の人口を不詳には含めないものとする。

（注2）沖縄県の昭和25年70歳以上の外国人136人（男55人、女81人）及び昭和30年70歳以上23,328人（男8,090人、女15,238人）は65～74歳、75歳以上の人口から除き、不詳に含めている。

（注3）将来人口推計とは、基準時点までに得られた人口学的データに基づき、将来の傾向、趨勢を将来に向けて投影するものである。基準時点以降の人口の構造的な変化等は、基準時点により、推計以降に得られる実績や将来推計との間には乖離が生じうるのであり、将来推計人口はこのような実績等を踏まえて定期的に見直すこととしている。

（注4）四捨五入の関係で、足し合わせても100.0％にならない場合がある。

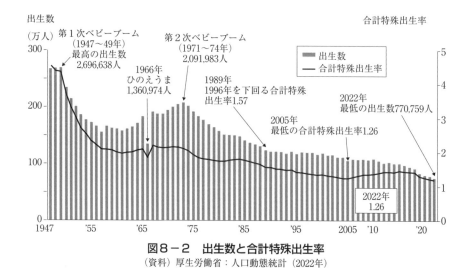

図8-2　出生数と合計特殊出生率
(資料) 厚生労働省：人口動態統計 (2022年)

（2）高齢社会の課題

１）高齢者世帯や高齢者のひとり暮らし世帯の増大

　わが国の高齢社会突入が決定的になる1994（平成6）年以降，国内の高齢者世帯数は上昇し続けている。図8-3のように，全世帯に占める65歳以上の高齢者がいる世帯の割合は年々増加し，1995（平成7）年の31.1％から2020（令和2）年には49.7％まで拡大している。中でも高齢者のひとり暮らし世帯は17.3％から28.8％へ，高齢者のみの夫婦世帯は24.2％から32.0％へと拡大している。こうした高齢者のみの世帯の増加は，病気や介護の必要な状況になった場合に大きな不安材料になる。

２）年金や医療費の増大

　高齢社会では，定年退職した人や病気になりやすい人，介護が必要になる人などが多くなり，年金や医療費，介護費用が増大する。図8-4は，「2021（令和3）年度年齢階級別1人当たり医療費」の推移を表したものであり，高齢化と医療費増加が比例していることがわかる。なお，高齢者世帯の収入に占める年金の割合が100％である世帯は44.0％と全体の4割以上を占める（厚生労働省：令和4年国民生活基礎調査）。このことから，高齢者にとって，年金がどれ

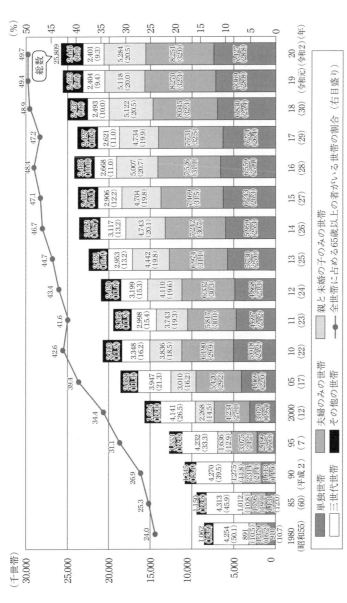

図８－３ 65歳以上の者のいる世帯数および構成割合と全世帯に占める65歳以上の者がいる世帯の割合

（出典）内閣府：令和５年版高齢社会白書、2023

資料：昭和60年以前の数値は厚生省「厚生行政基礎調査」、昭和61年以降の数値は厚生労働省「国民生活基礎調査」による。
（注１）平成７年の数値は兵庫県を除いたもの、平成23年の数値は岩手県、宮城県及び福島県を除いたもの、平成24年の数値は福島県を除いたもの、平成28年の数値は熊本県を除いたものである。
（注２）（ ）内の数字は、65歳以上の者のいる世帯総数に占める割合（％）。
（注３）四捨五入のため合計は必ずしも一致しない。

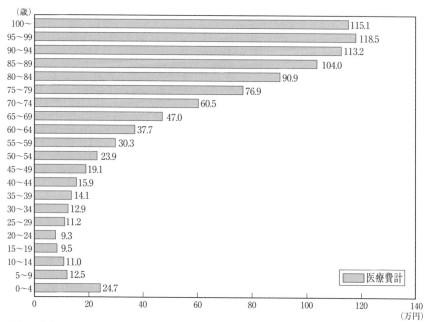

（注）医療費計とは，2021（令和3）年4月〜2022（令和4）年3月診療分の医療費のこと。

図8－4　2021（令和3）年度年齢階級別1人当たり医療費（医療保険制度分）

（出典）厚生労働省保険局：医療保険に関する基礎資料，2023より作成

ほど頼りになるものであるかがわかる。

3）要介護高齢者の増大

　2023（令和5）年の高齢社会白書（内閣府）によると，要介護（要支援）認定者数の推移は，2010（平成22）年度の490万7,000人から2020（令和2）年度には668万9,000人に達し，約1.4倍に増えている。その内訳は，要支援1から要介護4までが全体に比例して増加し，特に，要介護1の増加率は2010（平成22）年度と2020（令和2）年度では1.56倍の増加となり，介護問題の広がりを知ることができる。要介護高齢者の増大は，それを支えるマンパワーと財源の増大を伴い，少子化問題と抱き合わせで考えなければならない。

4）生きがい（meaning in life）の必要

　わが国の高齢者の平均寿命は，2019（令和元）年現在，男性81.41歳，女性

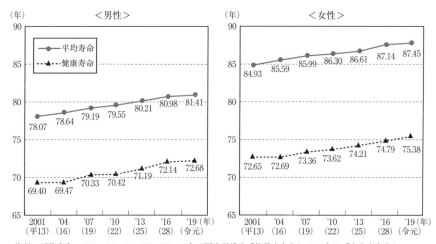

資料：平均寿命：2001，'04，'07，'13，'16，'19年は厚生労働省「簡易生命表」，2010年は「完全生命表」

図8－5　健康寿命と平均寿命の推移

（出典）厚生労働省：健康寿命の令和元年値について，2021

87.45歳であり，その差は6.04年である。また，健康寿命では，男性が72.68歳，女性が75.38歳であり，その差は2.70年である（図8－5）。平均寿命と健康寿命の間隔は，2001（平成13）年以降，男女ともに横ばいである。

　わが国は，平均寿命，健康寿命ともに上昇傾向にあり，健康で長生きといった理想的な高齢社会を目指している。そこでは，定年後の高齢者が社会参加できる場と，その機会づくりが必要になる。2015（平成27）年の『生きがい研究20』（一般財団法人長寿社会開発センター）によると，例えばそれは，仕事や学習，趣味，サークル，旅行，家族，菜園等といった活動である（表8－1）。

　しかし一方で，高齢社会では，高齢者犯罪やその被害，孤独死，ひきこもり，寝たきりといった高齢者特有の負の内容をもった諸問題にもつながりやすく，その対策が急がれる。

　健康で長寿な高齢（者）社会にとって，生きがい（meaning in life）は重要なテーマであり，昨今，生きがいに関する研究が多く行われるようになっているのも，わが国の今日の状況を反映してのことであろう。

表8-1　性別年齢階級別に見た楽しみと生きがいの実態

(%)

	男　　性						女　　性					
	65〜69歳	70〜74歳	75〜79歳	80〜84歳	85歳以上	平均	65〜69歳	70〜74歳	75〜79歳	80〜84歳	85歳以上	平均
運動	55.4	51.6	47.0	40.9	29.8	50.6	44.8	40.2	29.8	24.8	13.3	36.1
趣味	57.5	58.2	60.4	55.6	46.6	57.5	58.1	55.4	55.5	48.3	36.0	54.0
知人	21.7	21.0	18.6	14.0	15.4	20.1	37.0	35.7	32.2	24.1	15.8	32.6
サークル	13.9	16.6	16.5	13.3	10.3	14.9	16.7	16.9	16.4	16.7	9.9	16.1
旅行	56.3	52.1	44.2	39.2	25.7	50.3	61.1	54.1	44.7	32.7	14.2	49.3
家族	22.9	23.3	20.3	23.0	21.6	22.5	23.9	23.4	24.3	21.7	23.8	23.6
仕事	22.8	15.3	8.3	5.5	1.7	15.9	12.9	6.3	4.2	2.1	0.9	7.5
孫ら	12.2	9.5	6.0	3.7	2.1	9.3	13.5	11.3	6.3	4.0	3.7	9.7
学習	16.7	17.5	16.6	14.0	13.0	16.5	12.1	12.2	11.0	8.9	3.2	10.8
菜園	10.3	10.7	8.4	8.3	9.9	9.9	5.8	5.3	6.6	6.1	5.7	5.9
園芸	12.8	14.4	15.0	16.0	15.1	14.0	19.9	20.2	17.1	16.1	14.0	18.6
樹木	13.0	13.1	12.9	8.5	8.9	12.5	12.7	11.5	11.2	8.0	7.6	11.2
ハイキング	15.1	11.6	9.8	6.3	2.7	11.9	15.9	9.8	5.0	2.8	0.7	9.6
登山	6.1	4.2	2.8	1.3	0.0	4.3	4.1	1.2	0.7	0.4	0.0	2.0

(出典) 星旦二：都市在宅高齢者における楽しみと生きがいの実態とその三年後の累積生存率との関連，生きがい研究，20，p.29，長寿社会開発センター，2014

2．高齢者福祉の実施体制

（1）高齢者福祉の法規

　日本の高齢者への法規面からの支援は，1963（昭和38）年の「老人福祉法」から始まる。その後，高齢者医療施策の充実を図るため，1982（昭和57）年には「老人保健法」が制定された。当初，高齢者の支援は施設を中心に進められていたが，1980年代以降から在宅支援の方向へ移行し，1990（平成2）年の「老人福祉法等の一部を改正する法律」（福祉関係八法改正）によって，在宅支援のための法改正や市町村中心の実施体制になった。また，急増する高齢者やそれに伴う地域での支援の進展，家族の介護負担や地域での支援体制の拡大等が行われる中，社会と高齢者の関係を重視する「介護保険法」が1997（平成

9）年に制定され，2000（平成12）年から実施されることとなった。

1）老人福祉法（1963（昭和38）年）

「老人福祉法」は第1条で，その目的を「老人の福祉に関する原理を明らかにするとともに，老人に対し，その心身の健康の保持及び生活の安定のために必要な措置を講じ，もつて老人の福祉を図ること」と定めている。「老人の福祉に関する原理」とは，老人福祉を進めるための仕組みのことである。そして，その際重要なことが，第2条と第3条の基本的理念に規定されている。

基本的理念の第2条では，老人は「社会の進展に寄与してきた者」，「豊富な知識と経験を有する者」であり，「生きがいを持てる健全で安らかな生活を保障される」としている。また，第3条では，老人に対して，「心身の変化を自覚して，常に心身の健康を保持し，又は，その知識と経験を活用して，社会的活動に参加する」ことや，「希望と能力とに応じ，適当な仕事に従事する機会その他社会的活動に参加する機会を与えられる」と定めている。

2）老人保健法，高齢者の医療の確保に関する法律（1982（昭和57）年）

「老人保健法」は，1982年に老人福祉法（1963年）から独立して制定された。その理由は，老人福祉法が救貧対策を中心とした施策であったことに対し，増え続ける高齢者の医療費対策を図るため，老人保健法の制定により老人医療施策の充実を進める点にあった。この法律は，2008（平成20）年，「高齢者の医療の確保に関する法律」へと改正・施行され，医療費の適正化の推進と，高齢者の医療制度に関することを主な目的として構成されている（第1条）。

医療費の適正化の推進では，全国医療費適正化計画に基づき都道府県医療費適正化計画を策定し，生活習慣病対策や長期入院是正を図ることに主眼をおいた。また，高齢者の医療制度では，75歳以上の高齢者を対象とした後期高齢者医療制度の実施がなされることとなった。

3）福祉関係八法の改正

1990（平成2）年，福祉関係八法の改正が行われた。1989（平成元）年には「高齢者保健福祉推進10か年戦略」（ゴールドプラン）が発表されている。

福祉関係八法の改正では，それまでの施設を中心とした支援のあり方から，在宅（地域）での支援のあり方へと大きな転換を図ることが主な目的であった。

　改正の主な内容は，デイサービスやショートステイサービスが老人福祉法の正式な措置事業として位置づけられたこと，特別養護老人ホーム等への入所の決定権が市町村になったこと等がある。

4）介護保険法（1997（平成9）年）

　1997年には介護保険法が制定され，2000（平成12）年から施行された。この法律は，高齢者介護を「社会化」した点，在宅介護を中心とした点，高齢者に保険料の負担を求めた点，自己選択と契約によるサービス利用の仕方を取り入れた点に特色がある。

5）高齢者虐待防止法（2006（平成18）年）

　高齢者の在宅支援が進み，高齢者への虐待の可能性が高まることが危惧される中，2006（平成18）年4月，「高齢者虐待の防止，高齢者の養護者に対する支援等に関する法律（高齢者虐待防止法）」が施行された。高齢者虐待は，身体的虐待，介護・世話の放棄・放任，心理的虐待，性的虐待，経済的虐待に分類され，同法ではこれらの防止のための支援や被害者の保護等について定められた。

　2023（令和5）年の高齢社会白書によると，図8－6のように，在宅における虐待者の内訳は，息子が38.9％で最も多く，次いで夫の22.8％，娘19.0％，妻7.0％となっている。こうした傾向は，今後も続くと考えられ，法整備以外の実際的な対策が待たれる。また，一方で介護施設従事者による施設内虐待も報告されていることを忘れてはならない。

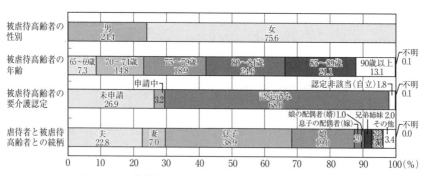

図8－6　養護者による虐待を受けている高齢者の属性

（出典）内閣府：令和5年版高齢社会白書，P.43, 2023

（2）高齢者福祉の行政機関

高齢者を支える主な行政機関には，国，都道府県，市町村といった公的な行政機関や，介護保険法に根拠をもつ指定サービス事業者や地域包括支援センター等がある。ここでは，公的な行政機関である国，都道府県，市町村における主な高齢者支援について述べる。

1）国（政府）による高齢者支援

国は，厚生労働省を中心として，高齢者の介護や保健に関する支援を全体的かつ戦略的に行っている。例えば省令を制定したり，通知の発行を行うことで，都道府県や市町村に対し法的な拘束力をもって高齢者支援の方向性を示している。また，2018（平成30）年に閣議決定された高齢社会対策大綱は，政府が推進する高齢社会対策の基本的・総合的な指針を示すもので，2001（平成13）年に最初に策定されたものが2012（平成24）年以来新たにされた。

2）都道府県による高齢者支援

都道府県は，社会福祉法人の認可や監督，高齢者関係の社会福祉施設の設置認可，監督，設置，市町村への指導等を通して高齢者支援に関する行政支援を行う。特に介護保険法に関しては，現在は市町村が利用者の窓口になっているが，介護保険審査会の設置，指定市町村事務受託法人の指定，介護サービス情報の公開に関する事務，介護支援専門員の登録等に関する事務，介護保険事業支援計画策定に関する事務等，都道府県が行う介護保険に関する事務も多い。

3）市町村による高齢者支援

高齢者への市町村の行政支援には，例えば，市町村老人保健福祉計画の策定や介護保険法に基づいた市町村介護保険事業計画や老人福祉計画の策定等が行われたりする。特に介護保険制度に関しては，市町村が窓口であるために，市町村の役割が大きい。具体的には，介護保険審査会の設置や保険給付に関する事務，保険料の徴収に関する事務，地域にある地域密着型サービスや介護予防支援を行う事業所の指導・監督に関する事務等である。

（3）高齢者福祉の専門職

高齢者を含む社会福祉全体にかかわる専門職には多種多様な職種があり，生

活支援や医療支援の面からみた場合，例えば，社会福祉士，介護福祉士，精神保健福祉士，訪問介護員（ヘルパー），医師，保健師，看護師，薬剤師，理学療法士，作業療法士，言語聴覚士，栄養士等がある。また，成年後見制度との関連では，弁護士や司法書士といった法律の専門職も関係している。介護保険制度との関係でみると，介護支援専門員（ケアマネジャー）が重要かつ中心的な役割を担っている。

　今後，在宅での生活支援が進む中，地域の中でこうした専門職に求められる役割は，いかに各専門職が連携しネットワークしながら，ひとりの高齢者の生活を支援できるか，見守ることができるかという点が重要になってくる。そして，そこでの高齢者とのかかわり方は，これまでの申請主義ではなく，リーチアウト方式による形が求められるが，課題が多くある。

1）介護支援専門員

　介護支援専門員は，介護保険サービスの利用において重要な役割を担っている。例えば，要介護者・要支援者からの相談に応じるとともに，適切な居宅サービス，地域密着型サービス，施設サービス，予防サービス等が利用できるように，市町村や民間のサービス事業者と連絡調整等を行う。

2）主任介護支援専門員

　地域包括支援センター内に設置される専門職であり，ほかの介護支援専門員に対して助言や指導を行ったり，地域における事業所や他職種間の連絡・調整や，その他のさまざまなサービスに対して改善・提案を行う役割を担っている。

3．介護保険制度

（1）介護保険制度のこれまでの流れ

　介護保険制度は，現在，施行後7回目の改正がなされた（表8-2）。2011（平成23）年改正から強化された地域包括ケア推進は，今後もさらに進められる見通しである。社会保障制度審議会介護保険部会は，多様なニーズに対応した介護の提供・整備の充実を地域包括ケアの役割に求めている。ここでいう多様なニーズとは，定期巡回・臨時対応型訪問介護看護，小規模多機能型居宅介

表８－２　介護保険制度改正の流れ

年　代	特　色
2000年	介護保険法施行（1997年介護保険法制定）
2005年改正 （平成17） ★2006年施行	・介護予防の重視（介護予防ケアマネジメントは地域包括支援センターが実施。介護予防事業，包括的支援事業等の地域支援事業の実施） ・施設給付の見直し ・地域密着サービスの創設，介護サービス情報の公表，など
2008年改正 （平成20） ★2009年施行	・介護サービス事業者の法令遵守等の業務管理体制の整備 ・事業の休止や廃止の事前届出制 ・休止や廃止の際のサービス確保の義務
2011年改正 （平成23） ★2012年施行	・地域包括ケアの推進 ・介護職員によるたんの吸引 ・介護保険事業計画と医療サービス，住まいに関する計画との調和
2014年改正 （平成26） ★2015年施行	・地域包括ケアシステムの構築に向けた地域支援事業の充実 ・予防給付を市町村が取り組む地域支援事業に移行し，多様化 ・低所得者の第一号被保険者の保険料の軽減割合を拡大
2017年改正 （平成29） ★2018年施行	・市町村による自立支援，重度化予防に向けた取組の制度下 ・介護医療院の創設 ・共生型サービスの位置づけ（介護保険，障害者制度） ・高所得者の自己負担割合の見直し（２割～３割）
2020年改正 （令和２） ★2021年施行	・市町村の包括的な支援体制の構築の支援 ・医療・介護のデータ基準の整備の推進
2023年改正 （令和５） ★2024年施行	・介護情報を管理する基盤の整備 ・看護多機能型居宅介護の役割の明確化 ・介護予防支援を行う事業者の許認可の拡大

（出典）厚生労働省老健局：介護保険制度をめぐる最近の動向について（2022年３月24日）一部修正

護，看護小規模多機能型居宅介護のことを指している。これは増え続ける高齢者を背景として，就労する介護者の「介護離職ゼロ」の実現を念頭においた対策の１つだと考えられる（図８－７）。介護をしながら就業する人口は増加傾向にあり，そのため，仕事と介護の両立が困難になる状況はますます増えている。総務省の「就業構造基本調査」（2017（平成29）年，2022（令和４）年）によると，介護しながら仕事に就いている者は，2017年の346.3万人から2022年には364.6万人に増加している。

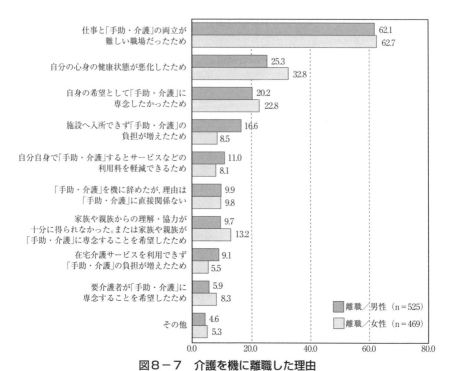

図8-7　介護を機に離職した理由

（出典）社会保障審議会介護保険部会（第78回）資料「地域包括ケアシステムの推進（令和元年6月20日）」

（2）介護保険制度の仕組み

1）介護保険制度の特色

①　高齢者を社会全体で支える「介護の社会化」の実現

増え続ける高齢者を家族だけに任せるのではなく，社会全体で支えていくシステムをつくった。

②　契約利用方式の導入

社会福祉の運営は，長い間，措置制度によって行われてきたが，利用者とサービス提供者が対等な立場で契約し，サービスを利用する形が初めて導入されたのが介護保険制度である。

③　保険者と被保険者

市町村が保険者であり，その市町村内に住所をもち，65歳以上の者を第一号

被保険者，そして，その市町村内に住所をもち，40歳以上65歳未満で，医療保険に加入している者を第二号被保険者とする。

④　ケアマネジメントの導入

ケアマネジメントは，介護保険の重要な要であり，要介護者と介護支援専門員との間で行われる。それは，インテーク（利用者本人の状況と意思の確認），アセスメント（問題点や状況の把握），ケアプランの作成・実施，モニタリング（点検・確認），ケアプランの見直しと新ケアプランの実施，終結，といった流れで行われる。

2）介護保険制度の利用の仕組み

介護判定は8段階に分かれており（表8-3），介護保険の利用を希望する者は，まず住居のある市町村に利用の申請を行う。その際，介護認定審査会の調査を受けなければならず，介護認定審査会で要介護の判定を受けた者だけが介護保険を利用できる（図8-9）。

表8-3　介護保険制度における要介護度

自立	非該当
要支援1	社会的な支援を要する状態
要支援2	
要介護1	部分的な介護を要する状態
要介護2	軽度な介護を要する状態
要介護3	中等度の介護を要する状態
要介護4	重度の介護を要する状態
要介護5	最重度の介護を要する状態

（3）地域包括支援センター

地域包括支援センターは，市町村が設置主体となり，保健師・社会福祉士・主任介護支援専門員等を配置して，「地域住民の心身の健康の保持及び生活の安定のために必要な援助を行うことにより，その保健医療の向上及び福祉の増進を包括的に支援することを目的とする施設」（介護保険法第115条の46第1項）である（図8-10）。

地域包括支援センターは，2005（平成17）年の改正に伴い導入された機関であり，その主な目的は介護予防であった。2020（令和2）年改正に向けた作業の中では，地域支援体制の強化の方向から地域包括ケアシステムの推進が行われ，地域包括支援センターの役割がますます重要になる。

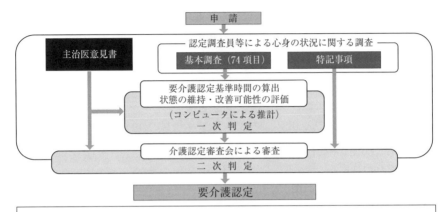

図8－9　要介護認定制度

（出典）厚生労働省老健局：公的介護保険制度の現状と今後の役割，2018

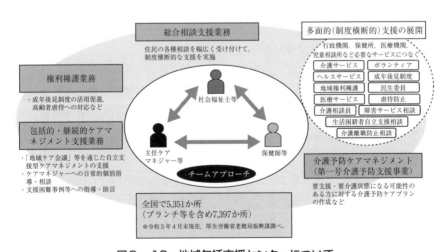

図8－10　地域包括支援センターについて

（出典）厚生労働省ホームページ：地域包括支援センターの概要（2024年4月2日参照）

（4）地域共生社会の実現のための社会福祉法等の一部を改正する法律

　今後わが国は，2040年の介護サービス需要の増加，多様化，担い手の顕著な減少を見据え，介護保険制度の見直しが求められ，地域共生社会の実現が喫緊の課題になる。2020（令和2）年の「地域共生社会の実現のための社会福祉法等の一部を改正する法律」では，以下の5点が主な内容となっている。

1．地域住民の複雑化・複合化した支援ニーズに対応する市町村の包括的な支援体制の構築の支援
　　市町村における既存の相談支援等の取組を活かし，地域住民の課題解決のための包括的な支援体制の整備を行う，新たな事業及びその財政支援等の規定を創設する。
2．地域の特性に応じた認知症施策や介護サービス提供体制の整備等の推進
　①　地域社会の認知症対策推進に向けた国及び地方公共団体の努力義務の規定
　②　市町村の地域支援事業における関連データの活用の努力義務の規定
　③　介護保険事業計画の作成にあたっての当該市町村の人口構造の変化の見通しの勘案，高齢者向け住宅等の設置状況に係る都道府県・市町村間の情報連携の強化
3．医療・介護のデータ基盤の整備の推進
　①　介護保険レセプト等情報・要介護認定情報に加え，厚生労働大臣は高齢者の状態や介護サービスの内容，地域支援事業の情報の提供を求めることができる。
　②　医療保険レセプト情報等のデータベース（NDB）や介護保険レセプト情報等のデータベース（介護DB）等の医療・介護情報の連結精度向上のため，社会保険診療報酬支払基金等が被保険者番号の履歴を活用し，正確な連結に必要な情報を安全性を担保しつつ提供することができることとする。
　③　社会保険診療報酬支払基金の医療機関等情報化補助業務に，当分の間，医療機関等が行うオンライン資格確認の実施に必要な物品の調達・提供の業務を追加する。
4．介護人材確保及び業務効率化の取組の強化
　①　介護保険事業計画の記載事項に，介護人材確保及び業務効率化の取組を追加
　②　有料老人ホームの設置等に係る届出事項の簡素化を図るための見直し
　③　介護福祉士養成施設卒業者への国家試験義務付けに係る経過措置の延長
5．社会福祉連携推進法人制度の創設
　　社会福祉事業に取り組む社会福祉法人やNPO法人等を社員として，相互の業務連携を推進する社会福祉連携推進法人制度を創設

■参考文献
・長寿社会開発センター：生きがい研究，20，2014
・厚生労働省：令和元年国民生活基礎調査，2019
・厚生労働省保険局：医療保険に関する基礎資料
・内閣府：令和5年版高齢社会白書，2023
・社会保障審議会介護保険部（第75回）資料3「介護保険制度の経緯」，2019
・社会保障制度審議会介護保険部会「介護保険制度をめぐる状況について」，2019

第9章

生活困窮・貧困と福祉

●●● アウトライン ●●●

1．生活困窮・貧困について

要点

◎生活困窮・貧困は「絶対的貧困」「相対的貧困」の他，多様な指標でその実態の可視化が図られ，SDGsにおいて解決すべき目標として示されている。

◎「子どもの貧困対策法」「子どもの貧困対策大綱」などに基づく子ども（家庭）の貧困対策が進められ，民間ボランティアによる活動も活発に行われている。

◎子どもの貧困は特にひとり親家庭での割合が高い。親の就労・自立支援が展開されているが，貧困の連鎖を防ぐため，子どもの学習支援の取り組みも重視される。

キーワード

絶対的貧困　相対的貧困　生活困窮　SDGs　子どもの貧困　ひとり親家庭
子ども食堂　貧困の連鎖

2．生活困窮・貧困にかかわる法制度

要点

◎生活保護制度には8種類の扶助があり，考え方として4つの原理・原則がある。

◎生活保護の課題として，不正受給があげられる一方，申請を受け付けない問題，または受給者がターゲットにされる「貧困ビジネス」などの問題がある。

◎生活困窮者自立支援制度は，生活保護受給に至りそうな生活困窮の状態にある人や，生活困窮に陥りそうな人に対して，個別的な相談支援を通じて，就労に結び付け，自立を促そうという制度である。

キーワード

生活保護制度　8つの扶助　4つの原理　4つの原則　生活困窮者自立支援制度

3．所得保障

要点

◎生活困窮や貧困への経済的支援（所得保障）として公的年金や各種手当がある。

キーワード

基礎年金　厚生年金　老齢年金　障害年金　遺族年金　児童手当　児童扶養手当
特別児童扶養手当

1. 生活困窮・貧困について

（1）生活困窮・貧困への理解を深めるために

1）「貧困」のとらえ方

　「経済的に苦しい状況にある」といっても，個人によって感じ方はさまざまである。所持金が10,000円しかない場合，目に入ったものを購入して1日で使い切り，次の収入まで「お金がない」という人もいれば，計画的にお金を使うことで次の収入があるまでに経済的な不安をもたずに生活する人もいるだろう。収入や支出そのものが，個人や家族の状況によって変わってくるものでもある。「経済的に苦しい状況」より困窮が想定される「貧困」を考える際には，客観的に判断するために「貧困」の指標・基準に基づくことが求められる。

　そうした「貧困」の指標として，よく用いられているのは「絶対的貧困」と「相対的貧困」である。「絶対的貧困」とはラウントリー（B.S.Rowntree, 1871〜1954）の一次貧困・二次貧困に基づく考え方で，国や地域の生活レベルとは関係なく「最低限度の生活が送れないくらいに困窮していて，生きることが難しい状態のこと」である。国や地域関係なく，誰が見ても生活に困窮している状態であると判断できる状態であるといえる。

　「相対的貧困」とは「ある国や地域の中で，平均的な生活レベルより著しく低く，相対的に生活が困窮している状態のこと」を指し，これは誰が見ても生活に困窮しているのではなく，国や地域の中で比較すると貧しい方になるということになる。「相対的貧困」は，平均的な生活レベルをもとに考えることから，居住している国での所得格差ともとらえられる。国際的にはOECDやEUの国際比較統計等で「相対的貧困」が用いられることが多いが，一方でこうした指標だけでは「貧困」の生活実態を示せないとして，「社会的排除」の他，さまざまな生活実態をともに示すことで，「貧困」による困り具合を表す傾向もある。これは「貧困」が主観に陥ってしまうのを防ぎ，より客観的なものとして社会的に「貧困」の状態が可視化されるために必要なことと考えられる。

　さらに，2015年に国連で採択された「持続可能な開発のための2030アジェン

ダ」に示された「持続可能な開発目標（Sustainable Development Goals）」では，「目標1　貧困をなくそう：あらゆる場所のあらゆる形態の貧困を終わらせる」，「目標2　飢餓をゼロに：飢餓を終わらせ，食料安全保障及び栄養改善を実現し，持続可能な農薬を促進する」と掲げられた。これは貧困や飢餓といった問題が，世界でも今日的な問題であるととらえられていることを示す。

　近年の日本では，制度的には「貧困」という言葉より「生活困窮」が用いられている。「貧困」とは「貧しく困る」ということだが，「生活困窮」のほうがより貧しく生活に困る様を表していることになり，貧しいことによってどのような困りごとが生じているのか，生活を送る上でどんな支障が生じているのかということに着目するようになっている。したがって，本章でも「生活困窮」を積極的に用いることとする。

2）日本の生活困窮，貧困の状況

　日本の相対的貧困率は，2022（令和4）年の「国民生活基礎調査」によれば15.4％で，2018（平成30）年から0.3％減少している。2000（平成12）年以降，15％前後を推移していることが表9−1から読み取れる。

　また，生活が困窮している人が利用する制度として「生活保護制度」があり，2023（令和5）年2月時点の生活保護受給者は202万人，保護率は1.62％で

表9−1　貧困率の年次推移

年	1991	1994	1997	2000	2003	2006	2009	2012	2015	2018旧基準	2018新基準	2021
相対的貧困率	13.5	13.8	14.6	15.3	14.9	15.7	16.0	16.1	15.7	15.4	15.7	15.4
子どもの貧困率	12.8	12.2	13.4	14.4	13.7	14.2	15.7	16.3	13.9	13.5	14.0	11.5
子どもがいる現役世帯	11.6	11.3	12.2	13.0	12.5	12.2	14.6	15.1	12.9	12.6	13.1	10.6
大人が1人	50.1	53.5	63.1	58.2	58.7	54.3	50.8	54.6	50.8	48.1	48.3	44.5
大人が2人以上	10.7	10.2	10.8	11.5	10.5	10.2	12.7	12.4	10.7	10.7	11.2	8.6

注）1）貧困率は，OECDの作成基準に基づいて算出している。
　　2）大人とは18歳以上の者，子どもとは17歳以下の者をいい，現役世帯とは世帯主が18歳以上65歳未満の世帯をいう。
　　3）等価可処分所得金額不詳の世帯員は除く。
　　4）1994（平成6）年の数値は，兵庫県を除いたものである。
　　5）2015（平成27）年の数値は，熊本県を除いたものである。
　　6）2018（平成30）年の「新基準」は，2015年に改定されたOECDの所得定義の新たな基準で，従来の可処分所得からさらに「自動車税・軽自動車税・自動車重量税」，「企業年金の掛金」および「仕送り額」を差し引いたものである。
　　7）2021（令和3）年からは，新基準の数値である。
（出典）厚生労働省：2022（令和4）年「国民生活基礎調査の概況」，p14，2023

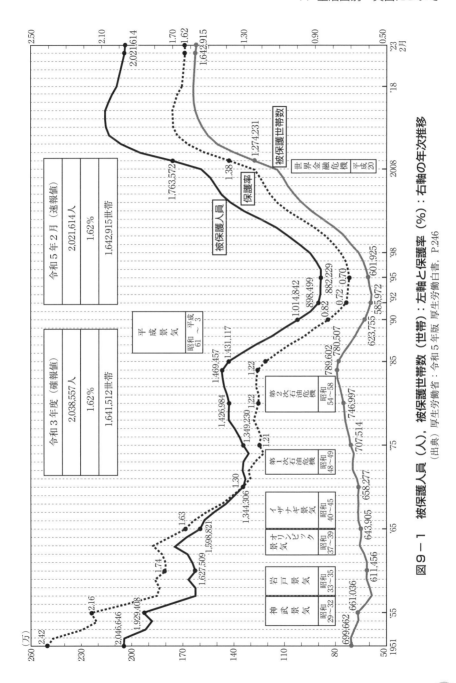

図9－1　被保護人員（人）、被保護世帯数（世帯）：左軸と保護率（％）：右軸の年次推移

（出典）厚生労働省：令和5年版厚生労働白書，P.246

あるが，2015（平成27）年をピークに減少に転じている（図9－1）。

　さらに，直接的に貧困や生活困窮を表すものではないが，関連して問題になるのがホームレスである。2022（令和4）年1月に実施されたホームレスの実態に関する全国調査では，表9－2の通り，確認されたホームレスの数について3,065人であり，前年度と比べて383人（11.1%）減少していると報告されている。ホームレスの数が減少しているということはホームレス状態を脱し，家で生活する人が増えたということであり，それは貧困や生活困窮の1つの形から脱したと考えられる。

表9－2　全国調査によるホームレス数

	男	女	不明	合計	差引増▲減
2019（平成31）年	4,253	171	131	4,555	▲422（▲8.5%）
2020（令和2）年	3,688	168	136	3,992	▲563（▲12.4%）
2021（令和3）年	3,510	197	117	3,824	▲168（▲4.2%）
2022（令和4）年	3,187	162	99	3,448	▲376（▲9.8%）
2023（令和5）年	2,788	167	110	3,065	▲383（▲11.1%）

（出典）厚生労働省：ホームレスの実態に関する全国調査（概数調査）結果について，2023

（2）子どもの貧困

1）子どもの貧困

　近年，日本における生活困窮や貧困を考える際に，活発な議論や調査研究が実施されているのが「子どもの貧困」である。

　日本は豊かで「食べることに困る子どもはいない」というイメージがもたれてきたが，OECDによると日本の子どもの相対的貧困率はOECD加盟国34か国中10番目に高く，OECD平均を上回っている。図9－2の通り，子どもがいる現役世帯のうち大人が1人の世帯の相対的貧困率はOECD加盟国中最も高い。つまり，「子どもの貧困率」の相対的貧困率の国際比較において日本はOECD平均より高く，子どもにとって豊かな国といえるのかと問われる状態である。

　日本では「子どもの貧困」に対してさまざまな取り組みが行われているが，その成果といえるのか，「子どもの貧困率」自体は，2012（平成24）年の16.3%

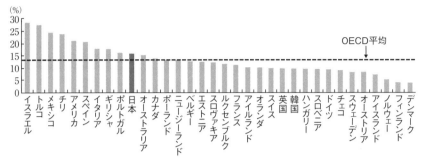

図9－2　子どもの貧困の相対的貧困率の国際比較（2010年）
（出典）厚生労働省：平成26年版　子ども・若者白書，p.30

をピークに，2021（令和3）年には11.5％にまで減少している。「子どもの貧困」といっても，子どもだけが生活に困窮するという状況は考えにくく，本来「子どもがいる世帯の貧困」ととらえるべきである。表9－1（P.140）からだが，「子どもがいる現役世帯」の中でも「大人が一人」の世帯の貧困率が2015（平成27）年までは50％を超えており，ひとり親家庭が生活困窮になりやすいことを示している。2018（平成30）年以降は50％を切っているとはいえ，「子どもの貧困」を考える上で重要なポイントである。

2）日本の「子どもの貧困」の状況と対応

2013（平成25）年に「子どもの貧困対策の推進に関する法律」（以下，「子どもの貧困対策推進法」）が成立し，具体的に子どもの貧困対策を進めるために「子どもの貧困対策に関する大綱」（以下，「大綱」）が策定された。「大綱」においては39の指標で多面的に生活困窮の状況を見ることで，子どもや保護者の困り具合や困窮の度合いを可視化していこうとしている。中でも「電気，ガス，水道料金の未払い経験」と「食料または衣服が買えない経験」をひとり親世帯と子どもがある全世帯で比べ，実際の貧困の状況を示したのが表9－3である。「子どもがある全世帯」でも衣服を買えない経験をした世帯が20％もあるが，どの項目においても「ひとり親家庭」の数値が「子どもがある全世帯」の倍以上であり，「ひとり親家庭」の貧困の状況が深刻なものである示す一端となっている。「食料が買えない経験」をしている家庭はひとり親家庭では1/3

表9-3　子どもの貧困の指標から見るひとり親世帯と子どもがある全世帯との比較

		ひとり親世帯	子どもがある全世帯
電気，ガス，水道料金の未払い経験 （平成29年度）	電気料金	14.8%	5.3%
	ガス料金	17.2%	6.2%
	水道料金	13.3%	5.3%
食料又は衣服が買えない経験 （平成29年度）	食料が買えない経験	34.9%	16.9%
	衣服が買えない経験	39.7%	20.9%

（出典）内閣府：令和3年度子供の貧困の状況と子供の貧困対策の実施の状況，2023

以上であり，喫緊に取り組むべき状況である。

「子どもの貧困」への対応としては，2019（令和元）年の「子どもの貧困対策推進法」改正により，「教育への支援」といった子ども本人への支援に加えて，「ひとり親への就労支援」や「生活困窮家庭の親の自立支援」にみられるような保護者支援が重要視されるようになっている。

また，市町村に対し「子どもの貧困対策計画」の策定の努力義務が課されたことも重要である。それは民間ボランティアで多く取り組まれている「子ども食堂」に対して，「子どもの貧困対策計画」によって助成金等運営の支援に関わるものが組み込まれるからである。「子ども食堂」は民間ボランティアの善意で始まり，瞬く間に全国に活動が広がって全国的な支援組織もできているが，法的には根拠がない活動である。したがって財政的な基盤が弱く，寄付を募って運営している所も少なくない。「子ども食堂」の活動を継続的かつ安定的なものとしていくためには，市町村の「子どもの貧困対策計画」を通じた活動への支援が欠かせないのである。

また，教育の支援に関して「生活困窮者自立支援法」がある。2015（平成27）年から始まった生活困窮者の支援制度を規定する法律だが，この中に「生活困窮世帯の子どもの学習・生活支援事業」がある。これは，子どもの学習支援に関するもので，進学に関する支援や学習する環境・生活習慣や居場所づくり等，子どもと保護者双方への支援を行うものである。生活が困窮する家庭では経済的な問題もさることながら，「家の中で勉強するスペースがない」（居住

する家の部屋数が少なく，兄弟姉妹と同室になる），「家の中で勉強する習慣がない」（兄弟姉妹の世話をしなければならない）といった環境・生活習慣の問題も大きい。こうした状況を変えていくために，子どもの学習支援が重要となる。

3）貧困の連鎖

「子どもの貧困」が特に問題視されるのは，もちろん子どもが食べるものにも困る状況が健全な成長や発達を妨げ，かつ，日々大きな不安感じながら生活を送ることになり，そうした状況は子どもの人権を侵害するものであるからであるが，加えて「貧困は連鎖する」と考えられていることも大きい。つまり，保護者の経済状況が子どもの人的・文化・社会関係資本を獲得するチャンスを遠ざけ，結果，保護者の経済状況と同様な経済状況を子どもも引き継いでしまうわけである。こうした貧困の連鎖のリスクは，さまざまな調査研究により裏付けられてきており，保護者の経済状況の重要性が指摘されている。

貧困の連鎖を断ち切るためには，定職に就くことが重要である。そのためには，小・中学校に通う時期に日常的に学習する習慣を身につけ，学力をつけて進学し，卒業後は定収入がある仕事に就き，経済的な安定を得ることが必須である。そのために子ども本人への学習支援は欠かせない支援であるし，保護者への支援も重要となる。

2. 生活困窮・貧困にかかわる法制度

（1）生活保護制度

生活が困窮している場合に利用するのは生活保護制度である。生活保護制度の根拠法である「生活保護法」では，第1条で「この法律は，日本国憲法第25条に規定する理念に基き，国が生活に困窮するすべての国民に対し，その困窮の程度に応じ，必要な保護を行い，その最低限度の生活を保障するとともに，その自立を助長すること」とその目的と定めている。資産や能力すべてを活用しても生活困窮の状況にある人や世帯に対して，困窮の程度に応じて必要な保護を行い，最低限度の生活を保障する制度であるが，単に保護をするだけでなく，自立を助長する点に法の重要な主旨がある。「必要な保護」としては，必

要に応じて，現金あるいは現物の支給を受けるということになるが，受けられる支給額については地域や世帯人数等によって細かく規定されている。日本国憲法第25条では「生存権」を規定しているが，まさに「最低限度の生活を保障する」ものとなっている。

1）生活保護の扶助の種類

生活保護はやみくもに支給されるのではなく，「生活保護法」第11条にて「保護の種類は，次のとおりとする」と生活保護法で定められており，第12条以下で扶助の内容も表9－4の通りに定められている。

誰もが受けられる扶助は生活扶助と住宅扶助であり，その他の扶助は必要に応じて支給される。また，医療扶助と介護扶助は現物給付で直接医療や介護サービスを受けることになり，金銭のやりとりは発生しないが，医療扶助と介護扶助以外は金銭給付となる。ただ住宅扶助は居住地域や世帯人数によって支給金額の上限が定められており，好きな住居に住めるというわけではない。住宅扶助以外の扶助についても，あくまで必要に応じて「最低限度の生活が保障される」ものである。

表9－4　生活保護の扶助の種類

生活扶助（第12条）	衣食その他日常生活の需要を満たすために必要なもの，移送
教育扶助（第13条）	義務教育に必要な教科書その他の学用品，通学用品，学校給食，その他義務教育に必要なもの
住宅扶助（第14条）	住居，補修その他住宅の維持のために必要なもの
医療扶助（第15条）	診察，薬剤又は治療材料，医学的処置・手術，その他の治療，居宅における療養上の管理及びその療養に伴う世話，病院又は診療所への入院及びその療養に伴う世話・看護，移送
介護扶助（第15条の2）	居宅介護，福祉用具，住宅改修，施設介護，介護予防，介護予防福祉用具・住宅改修・日常生活支援，移送
出産扶助（第16条）	分べんの介助，分べん前及び分べん後の処置，脱脂綿その他の衛生材料
生業扶助（第17条）	生業に必要な資金・器具又は資料，生業に必要な技能の修得，就労のために必要なもの
葬祭扶助（第18条）	検案，死体の運搬，火葬又は埋葬，納骨その他葬祭のために必要なもの

２）生活保護の原理と原則

「生活保護法」では，生活保護の４つの原理と原則を規定している（表９－
５）。４つの原理は生活保護を実施するにあたっての「考え方」を規定してい
る。それは，生活保護は国が生活に困窮するすべての国民に対して，困窮の程
度に応じて必要な保護を行い，最低限度の生活を保障するとともに自立を助長
するといった目的をもち（国家責任の原理），定められた要件を満たす範囲内
で保護を無差別平等に受けることができ（無差別平等の原理），健康で文化的
な生活水準を維持できる，最低限度の生活が保障されるものである（最低生活
保障の原理）。生活に困窮する人は，生活保護を利用できるが，資産や能力そ
の他あらゆるものを優先して活用することが利用する要件でもある（保護の補
足性の原理）。保護の補足性の原理は，「他法優先」ともいわれ，資産や能力や
他の法制度を先に活用した上で，最低限度の生活が送れない場合に，それらで
賄いきれない部分を生活保護で補うということである。

また，４つの原則は生活保護を実施する「運用上の方針」となっている。生
活保護は希望する本人あるいは扶養義務者，または同居の家族より申請がある
ことが基本である（申請保護の原則）。そして，厚生労働大臣が定めた基準に
基づき，本人の必要性を測り，金銭や物品で満たせない不足分を補うように保
護は実施される。厚生労働大臣の定める基準は要保護者の年齢別，性別，世帯
構成別，所在地域別その他保護の種類に応じて必要な事情を考慮した最低限度
の生活の需要を満たすに十分なものの範囲内で定められている（基準および程

表９－５　生活保護の原理・原則

生活保護の原理	国家責任の原理（生活保護法第１条）
	無差別平等の原理（生活保護法第２条）
	最低生活保障の原理（生活保護法第３条）
	保護の補足性の原理（生活保護法第４条）
生活保護の原則	申請保護の原則（生活保護法第７条）
	基準および程度の原則（生活保護法第８条）
	必要即応の原則（生活保護法第９条）
	世帯単位の原則（生活保護法第10条）

度の原則）。さらに，実際の必要の相違を考慮して有効かつ適切に行うものであり（必要即応の原則），個人ではなく「世帯」単位で要否および程度を定めるものでもある（世帯単位の原則）。

　実際にどの程度の支給を受けることができるのかについてであるが，生活扶助には計算式があり，生活扶助と住宅扶助を合わせたものを「最低生活費」といい，支給金額基準となる。また最低生活費は居住地，年齢，世帯人数によって異なってくる。居住地の等級は，生活扶助の金額だけでなく住宅扶助の支給金額も規定されている。さらに，18歳未満の児童がいる場合は児童養育加算，妊娠している女性は妊娠期間中から産後まで妊産婦加算，18歳以下の児童を一人で育てている母子家庭には母子加算，身体障害者障害等級が1～3級の人は居住環境の改善のための費用として障害者加算，介護老人保健施設に入居している人は介護施設入所者加算，寒冷地では光熱費が高くなる11～3月に冬季加算がある。加算されるかどうかについては要件がある場合もあり，そのため本人および世帯の状況が隈なく調査される。

　生活保護は「自立を助長する」ことも重要な主旨であるため，生活保護を受給しながら就労することも推奨される。生活保護を受給する理由はさまざまであるが，「体調を崩し，長期間働けなくなったため収入がなくなり，貯金も底をつき，生活に困窮している」ことが受給理由となる場合，体調が回復すれば就労することが求められる。アルバイト等を経て，段階的に就労していくことも珍しいことではない。そういった場合，収入が最低生活費を超えない金額であればその差額が生活扶助として支給されるが，収入が最低生活費を超えると生活保護の利用は終了となる。この収入については年金を受給する場合も同様である。保護の補足性，他法優先の原理がある通り，年金は生活保護より優先され，年金だけでは最低生活費にならない場合に不足分を生活保護で補うことになる。預貯金や持ち家があれば生活保護は利用できず，生活保護の受給にあたり資産状況は隈なく調査される。

3）生活保護法に基づく施設

　「生活保護法」第38条では，生活保護を実施するために設置される施設として，保護施設が規定されている。保護施設の概要は表9－6の通りである。

表9－6　生活保護法に規定される保護施設

	救護施設	更生施設	医療保護施設	授産施設	宿所提供施設
設置根拠	生活保護法 第38条 第1項1号	生活保護法 第38条 第1項2号	生活保護法 第38条 第1項3号	生活保護法 第38条 第1項4号	生活保護法 第38条 第1項5号
目　的	身体上又は精神上著しい障害があるために日常生活を営むことが困難な要保護者を入所させて，生活扶助を行う	身体上又は精神上の理由により養護及び生活指導を必要とする要保護者入所させて，生活扶助を行う	医療を必要とする要保護者に対して医療の給付を行う	身体上若しくは精神上の理由又は世帯の事情により就業能力の限られている要保護者に対して，就労又は技能修得のために必要な機会及び便宜を与えて，その自立を助長する	住居のない要保護者の世帯に対して，住宅扶助を行う
設置主体	都道府県，市町村，社会福祉法人，日本赤十字社				
運営費	措置費国3/4，都道府県・市町村1/4 （医療保護施設は措置費ではなく診療報酬で運営）				
整備費	法人立：国1/2，県1/4，設置主体1/4 （都道府県立・市町村立は平成18年度から補助対象外，医療保護施設は整備費補助はなし）				
都道府県による指導監督	社会福祉法人からの保護施設設置の認可申請に対する認可（法第41条） 運営に関する指導（法第43条），監査（法第44条），改善・事業停止・施設廃止の命令，認可取消（法第45条）				
施設数	183	20	56	15	15
定　員	16,345人	1,388人	—	470人	905人
在所者数	16,288人	1,264人	—	325人	339人

（注）　1　施設数以下の資料：「社会福祉施設等調査報告」
　　　　2　施設数，定員，在所者数欄は，令和2年10月1日現在。
（出典）厚生労働省：生活保護制度の現状について，p.40，2022をもとに作成

　保護施設の中でも施設数が多い救護施設の利用者の状況は，男性が63.8％，女性が36.2％で男性が多い。年齢は30歳以上の利用者が入所しているが，65歳以上が52.8％で半数以上を占めている。また障害としては，精神障害が41.1％，複数の障害がある重複障害が20.3％，知的障害が13.5％となっている（図9－3）。

4）生活保護の現状と課題

　先に述べたが，近年の生活保護制度の現状として受給者は減少の傾向であり，高齢者世帯が増加している一方，母子世帯は減少傾向が続いている。

　生活保護の受給に関連して問題になるのが，まず不正受給である。表9－7に不正受給件数および金額，表9－8に不正受給の内容を示したが，ここ数年

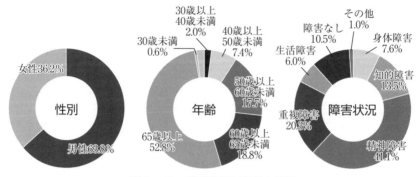

図9－3　救護施設入所者の状況

（出典）全国救護施設協議会：平成28年度全国救護施設実態調査報告書，2017

表9－7　不正受給件数，金額の推移

年度	不正受給件　数	金　額	1件当たりの金額
	件	千円	千円
H23	35,568	17,312,999	487
H24	41,909	19,053,722	455
H25	43,230	18,690,333	432
H26	43.021	17,479,030	406
H27	43,938	16,994,082	387
H28	44.466	16,766,619	377
H29	39,960	15,530,019	389
H30	37,234	14,005,954	376
R 1	32,392	12,960,895	400
R 2	32,090	12,646,593	394

（注）生活保護法施行事務監査の実施結果報告を
集計したもの。

（出典）厚生労働省：生活保護制度の現状について，p.48, 2022

表9－8　不正受給の内容

内　　訳	令和2年度	
	実数	構成比
	件	％
稼働収入の無申告	15,878	49.5
稼働収入の過小申告	3,551	11.1
各種年金等の無申告	5,678	17.7
保険金等の無申告	771	2.4
預貯金等の無申告	387	1.2
交通事故に係る収入の無申告	391	1.2
その他	5,434	16.9
計	32,090	100.0

（注1）生活保護法施行事務監査の実施結果報告を
集計したもの。

（注2）「その他」の主なものとして，資産収入の無
申告，仕送り収入の無申告などがある。

は減少傾向にある。また不正受給の内容としては約6割が稼働収入の無申告や
過小申告となっている。各自治体は不正受給防止対策に力を入れており，警察
官OB等を生活保護適正実施推進員として配置している自治体もある。

　また，生活に困窮する実態があるため，生活保護申請に来た申請者に対して

申請を受け付けない，あるいは拒否する自治体の対応の問題がある。これは
「水際作戦」といわれる。「若いから，まずは働くように」という窓口対応者の
態度が代表的なものの1つであるが，一度受け付けなかったのに弁護士や支援
者が同行すればすんなり申請に至ることもあり，自治体の対応に問題がある。
こうした場合，生活保護への予算を抑えたいという自治体の意向がある場合が
多く，窓口担当者個人の問題だけではないと考えるべきである。

　次に，路上生活者等に生活保護を申請させ，事業者等が用意しているアパー
ト等に住まわせ，さまざまな名目で費用を徴収することで生活保護費を搾取す
る「貧困ビジネス」といわれるものがある。アパート等に入居したとしても狭
く劣悪な住環境であったり，かつ手元に現金はほとんど残らなかったり，生活
保護費を管理され，自由に使えないケースもある。「貧困ビジネス」対策に力
を入れている自治体もあるが，入居者が高齢者ばかりのアパート等では，行き
先がない高齢者が多く入居していることで，一種の高齢者施設の体を成すよう
なところもみられる。

　生活保護には保護だけでなく「自立を助長する」目的もあるが，受給者は高
齢者が多いために，そもそも自立が難しいケースも多いともいわれる。就労に
よる自立を促すために，生活保護だけでなく次に説明する生活困窮者自立支援
制度の活用も求められている。

（2）生活困窮者自立支援制度

　生活困窮者自立支援制度は，「生活困窮者自立支援法」に基づく制度である
（図9−4）。生活困窮や貧困に対する法制度としては生活保護制度が機能して
きたが，この制度は「生活困窮している」事実があり，その困窮に対して経済
的に支援を実施するというものであり，また「自立を助長する」という目的は
含んでいるが，実際に自立に向けてのインセンティブは含んでいない。そこで
生活保護受給に至る前に，生活困窮の状況にある人に対して生活保護受給に至
らないよう支援し，自立の促進を図るために2012（平成24）年12月に制定され
たのが「生活困窮者自立支援法」である。

　生活保護制度が保護と自立を目指すのに対し，生活困窮者自立支援制度は就

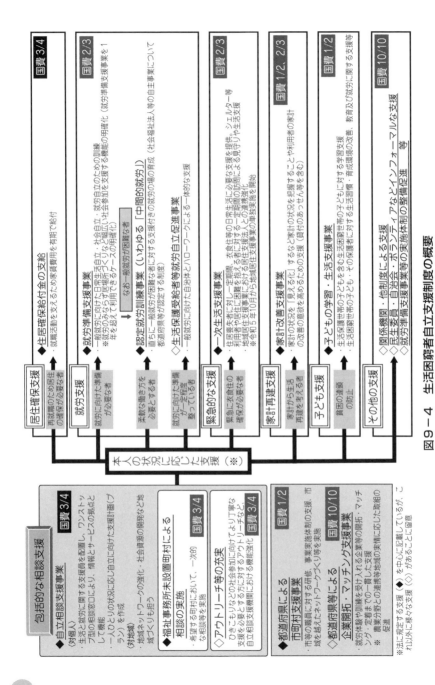

図9-4　生活困窮者自立支援制度の概要

（出典）厚生労働省：令和5年版　厚生労働白書，p.244，2023

労による自立を目指すものであり，本人の状況に応じた支援を重視している。就労準備支援事業や就労訓練事業では，長期にひきこもっている人の社会復帰に向けた就労も想定している。

3．所得保障

社会保障のうち，金銭給付を行うものを所得保障といい，これは生活困窮や貧困に対して経済的支援ともなる点から，活用を積極的に行っていくべきものである。

（1）公的年金

所得保障としてはまず公的年金があげられる。公的年金は全ての国民を対象に，老後の生活などの基礎的部分を保障するもので，納めた保険料に応じた額を受け取ることができるものである。

わが国の年金制度は，第3章でも述べた通り，自営業者，学生，無職の人も含め20歳以上のすべての人が被保険者となる国民年金（基礎年金）と，会社員や公務員が被保険者となる厚生年金，企業年金や個人年金などによる3階建ての構造になっている。給付の種類としては，表9－9の通り，高齢者になって

表9－9　公的年金の給付の種類

	基礎年金	厚生年金
老齢	老齢基礎年金 　保険料を納めた期間などに応じた額	老齢厚生年金 　保険料を納付した期間や賃金[※1]に応じた額
障害	障害基礎年金 　障害等級[※2]に応じた額 　（子がいる場合には加算あり）	陣害厚生年金 　賃金[※1]や加入期間，障害等級[※2]に応じた額
遺族	遺族基礎年金 　老齢基礎年金の満額に子の数に応じて 　加算した額	遺族厚生年金 　亡くなった方の老齢厚生年金の3/4の額

※1賃金とは，正確には「平均標準報酬額」といい，厚生年金への加入期間中の給与と賞与（ボーナス）の平均額のことをいう。
※2障害等級は，基礎年金と厚生年金で共通。障害厚生年金（2級以上）受給者は，同時に阻害基礎年金を受給できる。
（出典）厚生労働省：年金制度のポイント2022年版，p.7，2022

支給される老齢年金，障害者になったときに支給される障害年金，配偶者が死亡して支給される遺族年金がある。

（2）子どもを養育している人への所得保障

　子どもを養育している人にしても所得保障があり，近年，少子化対策のひとつとしても充実が図られている。

1）児 童 手 当

　児童手当は，「児童手当法」に基づいて，子どもを養育する人には誰でも支給されるものであるが，出産後，自動的に支給されるものでなく，市町村窓口に申請しないと支給されない。また，一定以上の所得がある場合も支給されない，あるいは減額されるといった「所得制限限度額・所得上限限度額」が子どもの人数によって細かく規定されている。

　今後の子育て支援策の拡充により，2025（令和7）年2月支給分から「高校まで延長」，「所得制限の撤廃」，「多子世帯への増額」も予定されており，子どもを育てている家庭への所得保障として基本的なものである。

2）児童扶養手当

　児童扶養手当は，「児童扶養手当法」に基づいて，離婚によるひとり親世帯等，父または母と生計を同じくしていない児童が育成される家庭の生活の安定と自立の促進に寄与することを目的に支給される。ひとり親家庭としては，母親が養育する家庭のみに支給されてきたが，2010（平成22）年より，父親が養育する家庭にも支給されることとなった。

（3）障害者本人，障害児を養育する人への所得保障

　それぞれ，市町村窓口への申請が必要であり，受給資格者や扶養義務者の前年の所得が一定の額以上であるときは支給されないといった所得制限がある。

1）特別児童扶養手当

　特別児童扶養手当は，「特別児童扶養手当等の支給に関する法律」に基づき，その第1条「精神又は身体に障害を有する児童について手当を支給することにより，これらの児童の福祉の増進を図ること」が目的となっており，20歳未満

で精神または身体に障害を有する児童を家庭で養育している父母等に支給される。つまり，障害のある子ども本人が施設に入所している場合には支給されず，家庭で養育している場合に支給される。

2）障害児福祉手当

障害児福祉手当は「重度障害児に対して，その障害のため必要となる精神的，物質的な特別の負担の軽減の一助として手当を支給することにより，特別障害児の福祉の向上を図ること」を目的としており，日常生活において常時の介護を必要とする状態にある在宅の20歳未満の障害のある子ども本人に対して支給される。

3）特別障害者手当

特別障害者手当は，「精神又は身体に著しく重度の障害を有し，日常生活において常時特別の介護を必要とする特別障害者に対して，重度の障害のため必要となる精神的，物質的な特別の負担の軽減の一助として手当を支給することにより，特別障害者の福祉の向上を図ること」を目的とされ，在宅で生活する20歳以上の障害者本人に支給される。

4）経過的福祉手当

経過的福祉手当は「重度障害者に対して，その障害のため必要となる精神的，物質的な特別の負担の軽減の一助として手当を支給することにより，重度障害者の福祉の向上を図ること」を目的としているが，新規認定は行われていない。

このように子ども，障害のある子どもを養育している人や，障害のある子ども本人に所得保障があり，概要は表9－10のようにまとめられる。

表9−10　子どもを育てている家庭への所得保障

	根拠法	対象	支給金額（毎月）(2023（令和3）年)	
児童手当	児童手当法	中学校卒業まで（15歳の誕生日後の最初の3月31日まで）の児童を養育している人 ［所得制限あり］	0歳～3歳未満	15,000円（一律）
			3歳～小学校修了前	10,000円（第3子以降は15,000円）（一律）
			中学生	10,000円（一律）
児童扶養手当	児童扶養手当法	18歳に達する日以後の最初の3月31日までの間にある児童（障害児の場合は20歳未満）を監護する母、監護し、かつ生計を同じくする父又は養育する者（祖父母等）［所得制限あり］	子どもがひとり	43,160円　一部支給：43,150～10,180円
			子どもが二人目の加算	10,190円　一部支給：10,180円～5,100円
			子どもが3人目以降の加算（1人につき）	全部支給：6,110円　一部支給：6,100円～3,060円
特別児童扶養手当	特別児童扶養手当等の支給に関する法律	20歳未満で精神又は身体に障害を有する児童を家庭で監護、養育している父母又は養育者等に支給	1級 53,700円、2級 35,760円、受給資格者本人あるいは配偶者、扶養義務者に一定以上の所得がある場合に所得制限あり	
障害児福祉手当	特別児童扶養手当等の支給に関する法律	精神又は身体に重度の障害を有するため、日常生活において常時の介護を必要とする状態にある在宅の20歳未満の者	15,220円　受給資格者本人あるいは配偶者、扶養義務者に一定以上の所得がある場合に所得制限あり	
特別障害者手当	特別児童扶養手当等の支給に関する法律	精神又は身体に著しく重度の障害を有するため、日常生活において常時特別の介護を必要とする状態にある在宅の20歳以上の者	27,980円　受給資格者本人あるいは配偶者、扶養義務者に一定以上の所得がある場合に所得制限あり	
経過的福祉手当	特別児童扶養手当等の支給に関する法律	昭和61年3月31日現在において20歳以上であり、現に従来の福祉手当の受給者であったもののうち、特別障害者手当の支給要件に該当せず、かつ障害基礎年金も支給されないもの。【新規認定は行われていない】	15,220円　受給資格者本人あるいは配偶者、扶養義務者に一定以上の所得がある場合に所得制限あり	

第10章

社会福祉における相談援助

1．相談援助の意義と役割

要点

◎相談援助は，ワーカーが相談を通じてクライエント自身や周囲の環境調整などを支援し，ニーズをクライエントとともに解決・軽減することを目的としている。

◎ジェネラリスト・ソーシャルワークは，クライエントや家族のみならず，地域や機関などの環境との相互作用・交互作用を踏まえて社会に働きかける援助を行う。

キーワード

相談援助　ソーシャルワーク　信頼関係　ジェネラリスト・ソーシャルワーク

2．相談援助の対象

要点

◎相談援助の対象は，個人，家族，集団，地域や社会である。

◎保育の現場では，在園児やその子どもの保護者，地域の子育て家庭が対象となる。

キーワード

保育　保護者　子育て　子ども理解

3．相談援助の理論と原則

要点

◎相談援助は，理論となる実践モデルに基づき，クライエントの状態や状況に応じてアプローチが展開される。

◎ワーカーがクライエントの気持ちに対して適切に反応を示すための基本姿勢が，バイスティックの7原則に示されている。

キーワード

実践モデル　実践アプローチ　バイスティックの7原則

4．相談援助の技術と展開過程

要点

◎相談援助の技術は，直接援助技術，間接援助技術，関連援助技術に分かれており，クライエントの状態やニーズに応じて技術を活用する。

◎相談援助における展開過程では，支援を充実させるためにクライエントとの信頼関係に留意し，クライエントの自己決定を尊重することが大切である。

キーワード

直接援助技術　間接援助技術　関連援助技術　スーパービジョン
相談援助の展開過程

1. 相談援助の意義と役割

（1）相談援助の意義

　地域社会において，障害や病気などの心身的な課題や経済的な課題，高齢による生活上の支援，育児不安などによる子育てに対して困難を抱える者（クライエント）は増加傾向にある。相談援助とは，そのようなクライエントに対して支援者（ワーカー）が相談を通じてクライエントのニーズをともに解決・軽減することを目的としている。相談援助の役割を担う職種は社会福祉士や精神保健福祉士などさまざまであり，クライエントのニーズに応じて職種に応じた専門性を生かしながらクライエントが前向きに問題解決を図れるように支援する。

（2）相談援助の役割

　クライエントはさまざまなニーズを抱えている。ニーズの解決には社会福祉の法律や制度，社会福祉施設などの専門的な知識・技術が必要となり，クライエントのおかれる環境も調整する場合がある。そのため，相談援助では，ジェネラリスト・ソーシャルワークが基盤とされる。ジェネラリスト・ソーシャルワークとは，クライエントと環境の相互作用に焦点を当てつつ，クライエントを単なる個人としてとらえるのではなく，地域社会を構成する1つであり，クライエントと家族のみならず，地域や機関，制度といった環境との相互作用・交互作用も踏まえて，社会（制度）にも働きかける援助である。

　このように相談援助は，ニーズを解決・軽減するためにクライエント自身だけでなく，必要とする制度やサービスの紹介，ときにはクライエントの人間関係や環境の調整，社会資源の開発もする役割を担っている。

（3）保育と相談援助

　子育てにおける問題は，子どもの心身の発達のみならず，虐待や経済的困窮，障害や病気などがあげられ，問題が多様化し，また，複数の問題が相互に影響し合い，問題の解決を難しくしている場合がある。また，核家族の増加や

地域との関係の希薄化による子育ての孤独化などから，子育てに対する悩みやストレスを抱える保護者も増えている。

　そのため，保育所や認定こども園を利用する保護者は，保育士に対して子育てや家庭における悩み・不安を相談する場面が増えている。これは現代の子育て家庭の特徴を示しており，保護者は，地域において子育ての悩みや不安を打ち明けられる場所が少なく，子育て支援の専門家である保育士に相談をする機会が多くなるからである。また，マスメディアの進化により，子育て情報が手軽に手に入りやすく，その反面で保護者はその情報に頼りがちになり，情報どおりに子育てが進まないと自身を責めてしまうことや，ときには子どもに悪い印象を抱いてしまう場合もある。そのため保育士は，保護者からの相談に対して保育の知識と理論を基盤にしつつ，保護者の気持ちを受け止め，適切に対応するとともに，問題の解決・軽減に向けた専門的な支援を行う必要がある。また，保育士には，地域における家庭支援や子育て支援も求められており，今後は児童福祉におけるソーシャルワーカーとしての役割が求められている。そのため保育士は，適切な子ども理解を図るとともに保護者の家庭における子育ての不安や悩みに対して，相談援助の理論や技術を身につけて対応することが望ましい。

　子育て支援では相談援助の理論や知識，技術を用いることで保護者の悩みや不安への適切な対応が可能となり，信頼関係構築にも役立てることができる。

２．相談援助の対象

　相談援助の対象は個人，家族，集団，地域や社会である。また，対象となる年齢も乳幼児から高齢者と幅広く，乳幼児や児童の場合，子どもはもちろん子どもを養育する保護者に対しても支援を行う。ジェネラリスト・ソーシャルワークの視点では相談援助の対象を，個人，家族，集団と別々にとらえるのではなく，地域や社会の中で，個人と家族や集団が相互に関係しているととらえている。

　保育現場においての相談援助の対象は，地域の子育て家庭も含めた子どもや

保護者となる。そのため，保育士は日ごろから，子ども理解や親子関係，家庭状況，保護者が家庭や社会でおかれている立場などについて，日常的な理解を図ることが大切である。さらに支援を効果的にすすめるためには，普段から保護者との信頼関係構築に努めることが重要である。保育士と保護者の信頼関係が構築できていないと支援を断られてしまったり，支援を開始しても十分に行えなかったりする場合がある。

3．相談援助の理論と原則

（1）相談援助の理論

　相談援助は，クライエントの最大の利益を考え，多様化する課題に対して適切な理論に基づいて支援が行われることが重要である。この理論を実践モデルと呼び，表10－1に示す医学モデル，生活モデル，ストレングスモデルがある。クライエントに応じて実践モデルを固定化させるわけではなく，生活モデルを中心としながら医学モデルやストレングスモデルの視点を生かし，クライエントのニーズに応じた最適なモデルを検討することが大切である。そして，実践モデルに基づいてワーカーとクライエントがともに目標を決め，その目標の達成に向けた活動をアプローチと呼び，クライエントの状況に応じてアプローチを変えることが大切である。

表10－1　ソーシャルワークの実践モデル

	実践モデル
医学モデル	クライエントの抱える課題を把握し，援助の方法や手順を判断する考え方。
生活モデル	人と社会環境との相互作用を利用する考え方。
ストレングスモデル	クライエントの強さや長所に焦点を当てた支援の考え方。

1）問題解決アプローチ

　問題解決の主体がクライエントであると考え，クライエントにとって何が問題となっているかに焦点を当てる考え方である。子育てに関する悩みや不安に

ついて保護者が漠然と大きな負担と感じている場合に問題を細分化して，保護者自身が取り組みやすい問題とすることで，子育てにおける自信を得られるようにする。

2）エンパワメント・アプローチ

エンパワメントとは，広義に「力をつけること」や「能力を発揮すること」などと定義されており，クライエントがもともともっているが生かせていない力や能力に焦点を当てて支援を行う考え方がエンパワメント・アプローチである。保育士が，子ども一人ひとりの個性を丁寧に受け止めることや子ども同士の主体的な相互関係が高まるような環境を設定することで，子どもの自己肯定感や他者を認め信頼するというエンパワメントが育つ。

3）ナラティブ・アプローチ

ナラティブとは，「物語」や「語り」などを意味し，ナラティブ・アプローチは「物語に近づく」という意味になる。子どもや保護者が語る「物語」を通して問題を客観的にとらえ，解決方法を見出すために外在化などの方法が用いられる。感情的に他の子どもに手を上げる子どもに「どうして手を出しちゃうと思う」「頭の中で怒り鬼が○○くんを動かしているのかな」「本当はそんなことしたくないよね，一緒に怒り鬼が悪さをしないようにしよう」と提案することで子どもは，周囲に手を上げなかったときに「頭の中で怒り鬼にいい聞かせたよ」といい，自分の行動をコントロールできるようになる場合もある。

（2）相談援助の原則

相談をする際にクライエントはワーカーに対して，「個人として受け入れてほしい」「共感してほしい」などの気持ちを抱いている。ワーカーはクライエントのニーズを理解するとともに，それらの気持ちに適切に対応することが必要である。ワーカーがクライエントに対して適切な反応を示すためには，ワーカーとしての基本的態度が求められる。バイスティック[*1]はワーカーの基本的

[*1] フェリックス・P・バイスティック（Biestek, F.P.）は，アメリカの社会福祉学者であり，1957年に著書『ケースワークの原則』においてケースワークにおける7つの原則について記している。

態度として，7つの原則（バイスティックの7原則）を示している。

1）個別化の原則

ワーカーは，クライエントを「不特定多数の中のひとり」ではなく「特定の
ひとり」として対応し，クライエントをかけがえのないひとりの人間として理
解し，対応しなくてはならない。

2）受容の原則

ワーカーは，クライエントの尊厳と価値観を尊重しながら否定的な感情や態
度を含め，クライエントをありのままの現実として理解することが大切であ
る。しかし，クライエントの社会的に逸脱した態度や行動までも容認すること
ではない（制限の原則）。制限の原則が守られないと，クライエントの犯罪行
為や少年非行などの社会的規範や慣習などに反する反社会的行動や不登校（登
校拒否）や集団不適応，脅迫観念などの行動で周囲との関係を自ら回避するよ
うな非社会的行動までも認めることになり，自他の生命を守れなくなるおそれ
もある。

3）非審判的態度の原則

クライエントが抱える問題や悩みに対して責任を問うことや罰するようなこ
とはせず，あくまでも専門職として客観的な評価を加える必要がある。

4）自己決定の原則

クライエントが，問題や悩みに対して自ら選択し決定できる自由と権利を認
め，尊重することが大切である。

5）秘密保持の原則

ワーカーが，クライエントとの援助過程の中で知り得た情報を適切に保全す
ることである。クライエントやその家族の秘密を守ることは信頼関係構築のた
めには重要であり，ワーカーはクライエントから得た情報を適切に取り扱い，
第三者に漏らすようなことがあってはならない。

6）意図的な感情表出の原則

クライエントが肯定的あるいは否定的な感情を表現したいという気持ちをも
っていることを理解し，それらの感情が自由に表現できるよう援助する。その
ためワーカーは，自身の性格や感情などを理解し，クライエントの感情に合わ

せたかかわりをすることが重要となる。

7）統制された情緒関与の原則

ワーカーは，自身の性格や感情などを自覚し，クライエントによって自身の感情が変化し支援の内容に影響が出ないよう心がけるとともに，クライエントの表出したい感情に合わせて自身を理性的に統制することが大切である。

近年，子育てについての悩みや不安を周囲に打ち明けることができない保護者が増えている。そのような保護者は，子育てに対して自身が周囲から認められているという感覚が低いことも考えられ，保育士は保護者の気持ちを受け止めるとともに保護者が子育てに前向きに取り組めるように，保護者一人ひとりを特別な存在であると意識して対応することが大切である。

4．相談援助の技術と展開過程

（1）相談援助の技術

相談援助はさまざまな場面で行われるが，支援の内容はクライエントの状態やニーズによって変化する。それらの変化に応じて相談援助においてもさまざまな援助技術が用いられる（表10−2）。

表10−2　ソーシャルワークの体系

直接援助技術	・個別援助技術（ケースワーク） ・集団援助技術（グループワーク）
間接援助技術	・地域援助技術（コミュニティワーク） ・社会福祉調査法（ソーシャルワーク・リサーチ） ・社会福祉運営管理（ソーシャル・アドミニストレーション） ・社会活動法（ソーシャルアクション） ・社会福祉計画法（ソーシャルプランニング）
関連援助技術	・ネットワーク ・ケアマネジメント ・スーパービジョン ・コンサルテーション ・カウンセリング

1）直接援助技術

① 個別援助技術（ケースワーク）

問題を抱える個人やその家族に対して，ワーカーがクライエント自身のもつ問題解決能力を引き出しつつ，ときにはクライエントの環境調整や社会福祉諸サービスの提供などを行い問題解決を図る方法である。保育士が保護者からの子育ての悩みを受け，相談を通して支援を行うこともケースワークといえる。

② 集団援助技術（グループワーク）

グループを活用した援助方法であり，グループ体験を通じてメンバーの相互作用や支援プログラムなどにより，一人ひとりの成長と問題解決を図る方法である。グループワークは，保育や教育，各種の研修など多くの場面で利用される。

2）間接援助技術

① 地域援助技術（コミュニティワーク）

地域社会における地域住民の生活問題に対して，地域社会自らが社会資源を活用して主体的に解決できるよう援助する方法である。これらの活動を支援するために社会福祉協議会では，社会福祉の専門知識を有して地域援助を目的とする職種としてコミュニティワーカー[*2]が配置されている。

② 社会福祉調査法（ソーシャルワーク・リサーチ）

地域社会において，社会福祉のサービスや福祉問題について情報を収集する。

③ 社会福祉運営管理（ソーシャル・アドミニストレーション）

社会福祉を効率的に展開するための方法であり，主に社会福祉サービスを提供する施設や事業所，機関などの組織を対象にして，その運営管理を進める。

④ 社会活動法（ソーシャルアクション）

社会福祉施策や社会福祉に関するサービスについて，内容の改善や新たな整備を求めて国や地方自治体に働きかける方法である。

---

*2　地域援助を目的とする職業であり，地域の課題を発見して行政関係機関や住民同士の支援をつなげることなど，地域住民の福祉活動を側面から支援する。

⑤　社会福祉計画法（ソーシャルプランニング）

ソーシャルワーク・リサーチから得られた結果をもとに，地域福祉を推進するための福祉計画を作成する。

3）関連援助技術

直接援助技術，間接援助技術以外にもさまざまなニーズの変化に対応した援助技術が用いられている。主に保育場面で活用される技術について紹介する。

①　ネットワーク

クライエントの課題に対して必要な支援サービスや機関を調整し，支援網や連絡網を構築すること。保育場面では，保育所や認定こども園が在園する子どもについて医療的ケアが必要な場合に，子どもの利用する医療機関や就学先の小学校等との関係構築を図り，支援を充実させることなどがあげられる。

②　スーパービジョン

スーパーバイザーがスーパーバイジーに対してスーパーバイジー自身の能力を最大限に生かし，よりよい活動ができるよう援助する過程を指す。スーパーバイザーとは組織内や関係機関などの専門家を指し，スーパーバイジーとは経験の浅いワーカーを指す。

スーパービジョンは，表10－3のように種類が分かれ，内容に応じて教育的機能，支持的機能，管理的機能を目的として行われる。

表10－3　スーパービジョンの種類

種　　類	役　　割
個別スーパービジョン	スーパーバイザーとスーパーバイジーの<u>1対1</u>の関係で行われる。
グループ・スーパービジョン	スーパーバイザーと<u>複数</u>のスーパーバイジーによる定期的なスーパービジョンのこと
ライブ・スーパービジョン	記録に残らず，その場面を両者が<u>直接経験</u>できることにあり，援助者が利用者と面接しているかたわらにスーパーバイジーが座る場合や，ワンサイドミラーからみる場合もある。
ピア・スーパービジョン	ワーカー同士が互いに個人・グループどちらかで事例研究などを行うものをいう。

③ コンサルテーション

ワーカーが支援における専門的な知識や技術について，関連機関や関連療育の専門職に相談し，意見や助言を求めることを指す。

（2）相談援助の展開過程

相談援助は，理論や方法を基盤としつつクライエントの支援課題について支援計画を定め実施し，実施内容と結果を評価することが大切である（PDCAサイクル[*3]）。相談援助は主に，アウトリーチ，インテーク，アセスメント，プランニング，インターベンション，モニタリング，エバリュエーション，ターミネーションの過程で展開される。

1）アウトリーチ（問題の発見）

ワーカーが問題を抱えるクライエントと出会い，ケースの発見や把握をする段階である。クライエントからワーカーが相談を受ける場合もあるが，ワーカーがクライエントの問題を発見し，積極的にクライエントにかかわることも重要である。保育場面においては，子育ての悩みを解決したくても上手に保育士を頼れない保護者もいることが考えられ，保育士は，保護者と日常的な生活の中で信頼関係を築くことに努めつつ，場合によっては保育士から保護者にアプローチを行う場合もある。

2）インテーク（受理面接）

クライエントの主訴（最も悩んでいる問題）を把握する段階である。ワーカーはクライエントのニーズに対する情報を集め，問題の把握に努めるようにする。保育場面においては，問題の把握に関しては子どもの気持ちや発達，保護者の思いやおかれている状況，親子の関係性，家庭環境などの情報を集めるようにする。またワーカーは，その後の展開過程を効果的に進めるためにも，クライエントとの信頼関係構築を心がけながらインテークを実施する。

---

*3 Plan（計画）・Do（実行）・Check（評価）・Action（改善）を繰り返すことで継続的に改善が図られる。医療現場や福祉現場，保育現場などにおいても積極的に用いられている。

3）アセスメント（事前評価）

インテークやその後のクライエントとのやりとりでとられた情報を整理し，支援課題を明確化する段階である。アセスメントは複数名で行い，多角的な視点をもって支援課題の明確化に取り組むことが望ましい。

4）プランニング（支援計画の立案）

アセスメントで明らかになった支援課題をもとに，支援内容について検討する段階である。プランニングでは支援課題の解決に向けて支援目標を細分化し，クライエントが目標の達成感を実感しやすいようにする。支援目標が実現可能かつ具体的な支援内容とすることで，クライエントが課題に見通しもって取り組むことができる。そして，目標が達成できたことで達成感や満足感を感じることができ，さらなる課題に対して前向きに取り組もうとする気持ちを育むことができる。

保育場面では，プランニングによって保護者が見通しをもって問題に取り組むことができ，保護者が自ら問題を解決できた達成感を感じることができる。保育におけるプランニングは保育士のみで支援を検討するだけでなく，できる限り保護者とともに支援を検討することが望ましい。また，支援内容は保育士だけでなく，家庭で行える支援内容を提案し，保護者が子育てに対する肯定感を育むことも重要である。

5）インターベンション（支援の実施）

プランニングに基づいた支援を実行する段階である。支援はクライエントに対して言語的支援，非言語的支援などを活用して組織的に取り組むことが望ましい。

6）モニタリング（中間評価）

インターベンションの段階においてクライエントの状態を確認し，支援の効果や機能を評価する段階である。モニタリングの段階で支援に効果がない，または問題が起きていることが確認できた場合は，再度アセスメントを行い，プランニングを再考し，より効率的で現実的な支援を展開することが大切である。

7）エバリュエーション（事後評価）

インターベンションから支援課題が達成されたかについて評価する段階である。評価にあたってはクライエントと一緒に行い，支援課題が達成されていない場合は，再度アセスメントから行う必要がある。

8）ターミネーション（支援の終結）

支援課題が達成され，新たな支援の必要性がなく，支援を終結させる段階である。保育においては，新たな支援の必要性がない以外にも子どもが退園する場合や，これ以上の支援が困難であり専門的な支援が必要となった場合などがターミネーションのタイミングとなる。その際に保育士は保護者に対して，「いつでも相談してください」「いつでも受け入れる準備が整っています」など保育士側の支援体制を伝えることで，保護者に安心感をもってもらうことが重要である（フォローアップ）。

　保育においては，保護者の悩みや不安は子育てに関することが中心となる。そのため保育士は，常に子ども理解を図ることが重要である。子どもの姿に変化が確認できる際は家庭の変化も視野に入れて，日ごろから保護者との信頼関係に努め，保護者が子育てに対する悩みや不安に対して前向きに取り組めるよう，側面的支援を行っていくことを大切にしたい。

■参考文献
・社会福祉士養成講座編集委員会編：新・社会福祉士養成講座6　相談援助の基盤と専門職 第2版，中央法規出版，2010
・山縣文治，柏女霊峰：社会福祉用語辞典，ミネルヴァ書房，2013
・松本峰雄，小野澤昇：はじめて学ぶ社会福祉，建帛社，2014
・山辺朗子：ジェネラリスト・ソーシャルワークにもとづく社会福祉のスーパービジョン—その理論と実践—，ミネルヴァ書房，2015

1. 私たちの人権と権利侵害について

要 点

◎社会福祉の対象者の人権については多様なものがあげられる。例えば，高齢者虐待，障害者虐待，児童虐待，施設内虐待，いじめなどが人権侵害としてあげられる。

キーワード

高齢者虐待，障害者虐待，児童虐待，いじめ

2. 福祉サービス利用者の権利擁護と苦情解決について

要 点

◎成年後見制度は，認知症高齢者や知的障害者，精神障害者などが，生活していく上での不利益がないように，後見人をつけることができる。

◎子ども・高齢者・障害者への虐待・権利侵害に対し，児童虐待の防止等に関する法律，高齢者虐待防止法，障害者虐待防止法が成立し，虐待の抑止が図られている。

◎福祉サービス事業者は，利用者の苦情に対して，その苦情について社会福祉法第82条に基づいた解決を図る。

キーワード

権利擁護　成年後見　日常生活自立支援事業　高齢者虐待防止法
障害者虐待防止法　子どもの権利ノート　苦情解決

3. 情報提供と第三者評価とは

要 点

◎利用者が自分の意思でサービスを選択，契約するために，サービス事業者は，サービスに関する情報提供が義務づけられている。

◎サービスに関する情報が適切か，質についてはどうかなど，第三者が中立・公正な立場から判断することを第三者評価という。

◎第三者評価の基準は，「福祉サービス第三者評価基準ガイドライン」に基づいている。

キーワード

情報提供　選択　第三者評価　苦情解決

1．私たちの人権と権利侵害について

　私たちは，世界人権宣言や児童権利宣言，障害者権利宣言，子どもの権利条約，障害者権利条約などさまざまな宣言や条約により，誰しもが，人として自分らしく安心・安全に生きていくことが権利として保障されている。しかし世界をみわたすと，内戦や貧困，性別にまつわるさまざまな抑圧が存在し，基本的な権利を侵害されているケースが多々みられる。

　日本の社会においても，高齢者や障害者，子ども，女性など社会的弱者といわれる人たちへの虐待やDVなどの暴力をはじめとした人権侵害例が後をたたない。学校などではいじめ問題が発生しており，適切に対処しないと子どもの心を傷つけ，不登校やひきこもりなど将来の社会生活にも影響することがある。

　このような社会問題はなぜ発生するのであろうか。子どもの虐待に関する報道がされると近隣の人たちの間ではかなりの人たちが知っており，なぜ虐待が防げなかったのか疑問に思うケースも多い。虐待は家庭内という密室で発生することが多く，発見が遅れた場合，最悪，死に至るケースも発生する。そのような事態を防止するためには，早期発見と児童相談所や関係諸機関との連携をもとにした早期対応が不可欠である。

　児童や障害者，高齢者の支援を目的とした福祉施設内での虐待行為をはじめとした人権侵害が発生することがある。児童や高齢者介護施設，障害者施設は，地域社会との関係が希薄な場合があり，施設を利用している人たちの中には，自らが自分の人権を主張することが難しく，施設内での虐待行為は顕在化しにくく，死に至るようなケースや重症なけがなどが発生し，初めて明らかになることが多い。

　すべての人の人権が守られるように，人権意識を常にもち続け，人権侵害を防ぐことは早急な課題であるにもかかわらず，非常に難しい問題なのである。

２．福祉サービス利用者の権利擁護と苦情解決について

冒頭で述べたように，私たちは，人としての人格を尊重される権利（人権）をそれぞれがもっている。「日本国憲法」第11条では，「国民は，すべての基本的人権の享有を妨げられない。この憲法が国民に保障する基本的人権は，侵すことのできない永久の権利として，現在及び将来の国民に与へられる」と基本的人権の保障が示されており，「生存権」の保障（第25条）など，さまざまな権利について示されている。すべての人に保障されている基本的人権ではあるが，高齢者や障害者，子どもなど社会的弱者といわれる人たちは，自らの意思で権利を行使することは難しく，彼らの代弁者として権利を主張し擁護する取り組みが大変重要である。

（1）権利擁護の取り組みについて
1）成年後見制度と未成年後見人制度

認知症や知的障害，精神障害など，何らかの理由により判断能力が不十分であったり，未成年などの理由で権利侵害を受けやすい状態にある人たちを，法律面や生活面で保護したり支援したりする制度として，成年後見制度がある。

成年後見制度は，1999（平成11）年「民法の一部を改正する法律」の成立を経て，2000（平成12）年から施行された。認知症高齢者や知的障害者，精神障害者などといった日常生活において判断能力が十分でない人に代わってその権利を守るもので，判断能力が不十分になる前からの「任意後見制度」と，判断能力が不十分になってからの「法定後見制度」に分けられる。

後見人の選定については家庭裁判所が決定する。法定後見制度は，精神上の障害程度に応じて，補助，保佐，後見の３つに分けられている。利用者の自己決定を尊重しつつ，本人に代わって財産管理やさまざまな契約，手続きに関する支援を行うものである。

成年後見制度は，これらの人たちを支えるための重要な手段であるが，十分に利用されていない。そこで2019（平成31）年４月より厚生労働省は，成年後

見制度利用促進基本計画に基づき，これらの施策を総合的かつ計画的に促進していくことを目指している。同年，制度改正により失格条項が廃止された。

また未成年後見人制度は，親権者の死亡などにより，親権者が不在となった未成年者を法律的に保護し支えるための制度である。未成年後見人は，未成年者の監護教育等の権利・義務があり，未成年の財産を管理する。また，行った職務の内容を家庭裁判所に報告する。2022（令和4）年4月1日以降は，18歳，19歳で未成年後見人がついていた人も未成年後見が終了となった。

2）日常生活自立支援事業

認知症高齢者，知的障害者，精神障害者等のうち，判断能力が不十分な人が地域で自立した生活が送れることを目的とした「日常生活自立支援事業」は，利用者との契約に基づき福祉サービスの利用援助を行うもので，2007（平成19）年4月に「地域福祉権利擁護事業」が名称変更され，今後の活用が期待される。

日常生活自立支援事業において受けられるサービスには，①福祉サービスに関する情報提供，利用契約の手続きを行う「福祉サービスの利用援助」，②福祉サービスの利用料や公共料金の支払い，日常生活に必要なお金の管理を行う「日常的な金銭管理サービス」，③年金証書，預金通帳，印鑑，権利証などを預かる「書類等の預かりサービス」といったものがある。

この制度の実施主体は，都道府県・指定都市の社会福祉協議会である。利用する際には利用者が住所地の社会福祉協議会に申し込む。その後専門員が利用者の自宅等へ訪問調査を実施し，利用者の意思に基づき支援計画をつくり，契約をすることとなる。その支援計画に基づき，生活支援員が支援を行う。

3）虐待防止の取り組み

① 高齢者・障害者への虐待防止

高齢者への虐待に関する法律として，2005（平成17）年に「高齢者虐待の防止，高齢者の養護者に対する支援等に関する法律（高齢者虐待防止法）」が成立した。この法律は，高齢者への虐待の防止のみならず，高齢者への介護者に対する支援を行うことにより高齢者虐待を防ごうと意図した法律である。

高齢者虐待の防止，高齢者の養護者に対する支援等に関する法律（高齢者虐待防止法）

第１条　この法律は，高齢者に対する虐待が深刻な状況にあり，高齢者の尊厳の保持にとって高齢者に対する虐待を防止することが極めて重要であること等にかんがみ，高齢者虐待の防止等に関する国等の責務，高齢者虐待を受けた高齢者に対する保護のための措置，養護者の負担の軽減を図ること等の養護者に対する養護者による高齢者虐待の防止に資する支援（以下「養護者に対する支援」という。）のための措置等を定めることにより，高齢者虐待の防止，養護者に対する支援等に関する施策を促進し，もって高齢者の権利利益の擁護に資することを目的とする。

また，2011（平成23）年に「障害者虐待の防止，障害者の養護者に対する支援等に関する法律（障害者虐待防止法）」が成立し，障害があることによる人権侵害への防止法案が制定された。高齢者，障害者ともに家庭内虐待と施設内虐待が虐待の起こる場となっており，障害者はそれに加えて，企業との雇用の場での虐待の問題も抱えている。厚生労働省が行った障害者虐待の調査では，2022（令和４）年度の虐待判断件数は3,509件（前年度比424件増），そのうち施設従事者等による虐待は前年度より257件増え956件となっている。

障害者虐待の防止，障害者の養護者に対する支援等に関する法律

第１条　この法律は，障害者に対する虐待が障害者の尊厳を害するものであり，障害者の自立及び社会参加にとって障害者に対する虐待を防止することが極めて重要であること等に鑑み，障害者に対する虐待の禁止，障害者虐待の予防及び早期発見その他の障害者虐待の防止等に関する国等の責務，障害者虐待を受けた障害者に対する保護及び自立の支援のための措置，養護者の負担の軽減を図ること等の養護者に対する養護者による障害者虐待の防止に資する支援（以下「養護者に対する支援」という。）のための措置等を定めることにより，障害者虐待の防止，養護者に対する支援等に関する施策を促進し，もって障害者の権利利益の擁護に資することを目的とする。

---

② 児童への虐待防止

児童虐待は，家庭といった密室や施設といった他人の目が届きにくい環境で起こりやすい。子どもへの虐待は子どもへの人権侵害で，しつけであるといっ

た親のいいのがれを決して許してはならない。そのため社会でできることはどのようなことがあるだろうか。子どもの虐待を発見した場合にはすべての国民に通告の義務があるが，その中でも子どもにかかわる職業を目指す，または就いているものは，最も責任がある立場にあることを自覚しなくてはならない。また近年，巧妙に虐待を隠すケースがでてきていることも，きちんと関係諸機関が連携をとって対処しなくてはならない。特に引っ越しをしたケースや，保育・教育機関に不自然に登校しないケース，面会を拒むケースなどには細心の注意が必要である。

　2000（平成12）年に「児童虐待の防止等に関する法律（児童虐待防止法）」が成立し，子ども虐待における早期発見・早期介入，虐待発見への通告義務が国民に求められた。その後，2008（平成20）年の「児童虐待防止法」の改正により，児童相談所や警察による介入の権限を強めること，親権についても一部制限することで子どもの命を優先に考えた対応がとられたもののその後も児童虐待は増加し，虐待によって命を落とす子どもたちが後をたたなかった。そのため緊急に，2020（令和2）年4月から改正児童虐待防止法が成立した。親の子どもへの体罰を禁止するとともに，児童相談所の体制強化を図っている。

4）子どもの権利ノート

　子どもの権利条約にあるように，子ども自身が権利の主体であるが，必ずしも子どもの権利が守られていない場面もある。特に子どもの権利が守られなくてはいけないのが，児童養護施設などである。そこで児童の権利条約の日本の批准後，1995（平成7）年に児童養護施設に入所する子どもを対象に，その権利が子ども自らわかるように，子どもの権利ノートが作成された。

　子どもの権利ノートは，児童福祉施設，児童自立支援施設，自立援助ホーム，ファミリーホームに入所，里親委託されている子どもに対して，児童福祉司が内容を説明し，配布されている。子どもの権利ノートには，子どもたちが施設や里親での日常生活を送る際に，さまざまな出来事に関して自分のもっている権利や権利侵害の例，権利侵害が行われた際にどのように対処したらよいか，また，相談方法など，子どもの権利についてわかりやすく書かれている。このような子どもの権利ノートを十分に活用しながら，子どもの権利を保障し

ていくことが重要である。

（2）福祉サービスに対する苦情解決

　これまで福祉サービスを受けるためには，国や市町村の決定することやサービスに対して，異議申立てをすることがはばかられる時代があった。しかし社会福祉基礎構造改革以降，そのような状況が大きく変化した（図11－1）。

　福祉サービスを利用した際，実際には予期しなかったサービスの提供が行われないことや，サービスに不満をもつ利用者が存在する。

　「社会福祉法」第82条には「社会福祉事業の経営者は，常に，その提供する福祉サービスについて，利用者等からの苦情の適切な解決に努めなければならない」として，福祉サービス提供事業者には苦情解決のために，施設内には「苦情受付担当者」と「苦情解決責任者」を配置し，さらに公正な立場から苦情解決を行う「第三者委員」を配置し，適切な運営を行うことが義務づけられている。

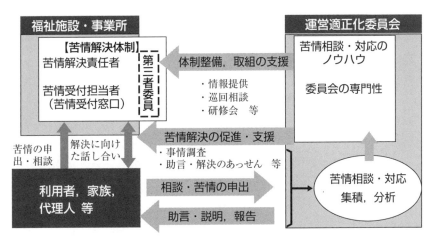

図11－1　苦情解決の仕組み

（出典）全国社会福祉協議会：利用者の希望・要望・意見・苦情を福祉サービスの質の向上につなぐ，p.6，2017

3．情報提供と第三者評価とは

（1）福祉サービスにおける情報提供

1）利用者によるサービスの選択の重要性

　私たちは，安心して暮らしていく権利をもっている。しかし，高齢者や障害者，子どもにとって日々の日常はさまざまな問題や課題に迫られ，安全な生活が送れないことがある。そのような生活の問題解決の方法として，福祉サービスがある。これまでの福祉サービスは，行政機関等（都道府県や市町村）による決定に基づいて利用を決める措置制度となっていた。しかし，措置制度によるサービスは必ずしも利用者の意向にそっているとは限らず，さまざまな問題が指摘され，利用者のニーズが得られるとは限らず，サービス側の一方的な提供になりがちであった。そこで，利用者の意思を尊重することに重点をおいた2000（平成12）年に制定された社会福祉法によって，社会福祉サービスを利用者自らが自分の意思により選択し，自己決定を行えるように改革がなされた。「利用者がサービスを選択し，サービス事業者と利用契約を行い福祉サービスの利用を行う」方法をとることとなり，介護保険制度や障害者の福祉制度で活用されている。

2）社会福祉法における情報提供についての規定

　社会福祉法が改正されたことにより，利用者がサービス事業所と対等な関係に基づき，サービスを利用者が主体となって選択し，契約することとなった。しかし，利用者が主体となる選択を可能にするためには，その選択をする判断材料が必要となる。福祉サービスを例に出すと，サービス事業者がサービスに関する情報を多く所有していても種類や内容，質に関してまで利用者に対して十分に伝わるとは限らない。また，利用者は，自分が必要な状況になったとき初めてその福祉サービスの情報収集を行うことが多い。そのためどのような情報収集をしてよいか戸惑うケースも出てくるであろう。サービス側からの積極的な情報提供と説明責任が問われている。きちんとした情報提供は，利用者が施設を選択・利用する上での重要なものとなる。また，これらの情報は公開を

原則としているので，情報提供をすることによりさらにサービス向上につながる。

　情報の提供に関しては，「社会福祉法」第75条第1項では「社会福祉事業の経営者は，福祉サービスを利用しようとする者が，適切かつ円滑にこれを利用することができるように，その経営する社会福祉事業に関し情報の提供を行うよう努めなければならない」とされ，第2項では「国及び地方公共団体は，福祉サービスを利用しようとする者が必要な情報を容易に得られるように，必要な措置を講ずるよう努めなければならない」と規定されている。

　これまでの社会福祉サービスの情報提供はパンフレットや行政広報物であった。しかし，インターネットが普及するにつれて，さまざまな媒体での情報提供が求められるであろう。第79条では，福祉サービス提供者がサービス内容について広告する際は，著しく事実と相違する表示や実際のサービスよりも著しく良好であり，もしくは有利であるかのような表示をしてはならないと規定されている。

（2）福祉サービスの第三者評価について

　社会福祉サービスを充実させていくためには，多様な内容のサービスと利用者の納得できる質が必要である。社会福祉法第3条では，福祉サービスの基本的理念として提供されるサービスは「良質かつ適切なものでなければならない」とサービスの質について述べている。第78条第1項では，社会福祉事業の経営者に対して，自ら提供するサービスの評価を行い，福祉サービスの質の向上に向けて努力することを義務づけ，第2項では福祉サービスの質の向上のために，国にも福祉サービスの質について「公正かつ適切な評価」を行うよう努めることを求めている。サービス評価は自らが実施する自己評価と資格のある利害関係のない第三者による，中立・公正な立場から専門的，客観的に評価する評価（「第三者評価」という）が必要である。第三者評価は，第三者評価基準のガイドラインに沿って作成された基準に基づき評価されている。第三者評価の結果は公開されており，利用者のサービス選択のための重要な情報に活用されることが期待されている（図11-2）。

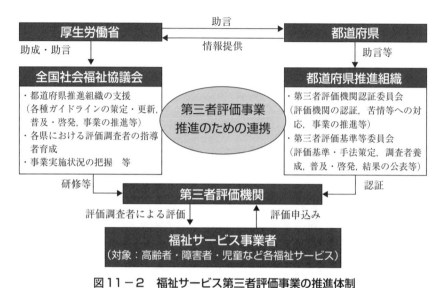

図11-2　福祉サービス第三者評価事業の推進体制
(出典) 全国社会福祉協議会：福祉サービス第三者評価基準―活用のご案内―, p.8, 2017

　児童養護施設などでは2012（平成24）年に利用者評価の実施と，毎年の自己評価，3年に1回以上の第三者評価の受審と結果の公表が義務づけられた。

■**参考文献**
・児童育成協会監修：社会福祉 新基本保育シリーズ④，中央法規出版，2019

社会福祉の動向と課題

●● アウトライン ●●

1．社会の動向

要点

◎国内の社会・経済の動向，世界，地球規模での動向が，社会福祉に大きな影響を及ぼす。そのため，社会福祉を把握するうえで広い視野が求められる。

キーワード

グローバル化　戦争・内戦　高度情報化社会　SDGs　Society5.0

2．少子高齢化への対応

要点

◎急速な少子高齢化が進む中，少子化対策や老後の生活への対策が求められ，「こどもまんなか社会」や「地域包括ケアシステム」などの施策が進められている。

キーワード

超高齢社会　2040年問題　こども家庭庁　老老介護　地域包括ケアシステム

3．在宅福祉・地域福祉の推進と「地域共生社会」実現への課題

要点

◎従来の福祉対応の限界から，在宅福祉，地域福祉への転換が求められている。

◎「地域共生社会」の実現に向けて，社会基盤の再構築を図り，地域でのセーフティネットを形成していく必要がある。

キーワード

戦後50年　在宅福祉　地域福祉　ボランティア元年　自助　互助　共助　公助社会基盤の再生，再構築　地域福祉　地域共生社会

4．諸外国の動向

要点

◎アメリカでは，医療保険未加入者が増加。保育制度は州独自の基準がある。

◎スウェーデンの福祉はすべて公費でまかなわれ，高福祉である一方，税率は高く，高負担となっている。

◎ドイツでは，社会保障で対応できない場合に社会福祉の対象となる。社会福祉サービスの内容を統一的に法律で定めておらず，民間サービスが占める割合が大きい。

◎韓国では，高齢化に伴い社会保障改革が盛ん。医療費は自己負担が20％と大きい。

キーワード

社会福祉制度　医療保険制度　児童福祉施策

1. 社会の動向

（1）日本社会の変化

　わが国を取り巻く状況は，グローバル化した世界の情勢から常に大きな影響を受けている。世界各地で勃発している侵略戦争，内戦等，不安定な状況が続き，エネルギー資源，食料資源等の供給が停滞する事態も発生している。これらを諸外国に依存しているわが国は，その影響も甚大である。

　新型コロナウイルス感染症（COVID-19）による世界的パンデミックの発生は，人々の生活様式を一変させた。その影響は医療，福祉の分野にとどまらず，学校生活や働き方，生活のあらゆる場面でそのあり方を再考させられ，今後は「ウィズコロナ」といわれる社会生活の再構築が必要である。

　また，近年はIT技術の発展とともに，SNSによる高度情報化社会が形成され，社会生活での利便性は大きく向上したが，一方でその弊害も指摘されている。これらを媒体とした犯罪も多発し，世代を問わず誹謗中傷の道具に使われ，また若年層での「いじめ」の温床として潜在化している。

（2）世界の動向

　権威主義国家の台頭が顕著になり，他国への侵略をはじめ，核兵器，武力等の脅威が増幅し，国家間・地域間での緊張が高まっている。今後これらの状況の変動により，世界の情勢が大きく変わっていく可能性もある。

　人類はかつてない勢いで人口増加が続いており，2022年には80億人を突破した。しかし，全人口の約10％が極度の貧困状態（絶対的貧困ライン）にあり，そのうち約半数が子どもである。

　世界一の人口数であった中国は，一転，少子化による人口減少をたどり，代わってインドが世界一の人口数になった。これらの人口増減，経済的発展の動向，地球環境変化による災害など，国，地域による格差はますます広がり，それらの解決に向けた対策が人類すべての課題となっている。

（3）地球温暖化と災害時における福祉の役割

　産業革命以来，化石燃料を主なエネルギー源として経済的発展，生活環境の改善等を享受してきた人類が直面している「地球温暖化」。気候変動は，人々の生活や自然の生態系にさまざまな影響を与え，食料生産や健康などへの影響が大きくなっている。その影響による災害等は，近年ますます身近な存在となっている。災害発生時，また発生後の人々の生活の再建には公的支援だけでなく，地域の連帯，相互扶助，ボランティアの活用など，多方面で福祉の相互作用が必須となっている。

（4）地球規模の取り組みと福祉現場での活用

　2015（平成27）年の国連サミットで採択された持続可能な開発目標（SDGs）では，2030年までに持続可能でよりよい世界を目指す国際目標とし，地球上の「誰一人取り残さない」ことを誓っている。またSDGsのゴール達成を実現する戦略として，Society5.0を位置づけ，その実現に向けて産業分野別に推進している。福祉の分野では，特にその汎用性が高い介護領域での普及が進むと考えられ，ICT化による見守りシステム，ベッドに設置したバイタルセンサーで要介護者の心拍，呼吸，体の動きを測定するほか，排せつなどを感知，予測することで介護スタッフの業務負担を軽減できるとされている。

■ 2．少子高齢化への対応

（1）少子高齢人口減社会の到来

　わが国の少子高齢化は，他に例をみないスピードで進行している。この人口構成の変化に，社会保障制度をはじめとした制度改革，新たな制度の制定等，さまざまな対策を講じてきた。しかし，2022（令和4）年時点での高齢化率は29.0％となり，わが国は「超高齢社会」に突入しているが，それに比して生産年齢人口は少子化による減少の一途をたどっている。また近年では，いわゆる団塊ジュニア世代が高齢者世代となる「2040年問題」がクローズアップされ，高齢化率の上昇により要介護高齢者も増加し，これらのサービスの需要も増加

することが予測されている。

　少子化の傾向は歯止めがかからず，若年層の人生観の変化，非婚化，晩婚化が進み，高齢化とも相まって，わが国は徐々に人口が減っていくと予測されている。単に人口が減るだけでなく，生産年齢人口の減少による社会経済の衰退，また現行の社会保障制度を維持できるかの否かの諸問題を孕んでいる。

（2）少子化への対策

　これまでさまざまな子育ての環境改善策が講じられてきたが，"子どもを安心して育める"環境とはいえない状況である。「ニッポン一億総活躍プラン（2016（平成28）年）」では，「希望出生率1.8」の実現に向け，2016〜2025年度のロードマップを示してきたが，近年の合計特殊出生率は1.2〜1.4％台で推移し，さらに新型コロナの流行もあり，2022（令和4）年の新生児出生数は80万人を下回り，さらに少子化が進行している。

　「少子化社会対策大綱（2020（令和2）年）」では，「①結婚・子育て世代が将来にわたる展望を描ける環境をつくる」「②多様化する子育て家庭の様々なニーズに応える」「③地域の実情に応じたきめ細かな取り組みを進める」「④結婚，妊娠・出産，子供・子育てに温かい社会をつくる」「⑤科学技術の成果など新たなリソースを積極的に活用する」といった基本的な考え方が示され，「児童福祉法」の改正（2022（令和4）年）では，子育て対策の強化から虐待防止まで，法的根拠の強化を行っている。

　これまでの対策であまり実効が伴ってこないことや，子どもを取り巻く状況では，①改善の見えない深刻な少子化，②コロナ禍で加速した児童虐待やいじめ問題，③貧困問題，④日本の子どもの低い幸福度，⑤親の子育て負担の増加等を背景として，一元化させた行政を行うべく，2023（令和5）年4月「こども家庭庁」が発足した。各省庁で対応してきた子どもに関する取り組み・政策を集約してわが国の社会の真ん中に据える「こどもまんなか社会」とし，喫緊の課題に取り組むことになった。また，同時に「こども基本法」が施行され，具体的な施策運用を行っていくことになった。

―――――― ■■■コラム■■■ ――――――

少子化の原因は女性の社会進出？

　「少子化」の原因の１つに，女性の社会進出があげられることがある。これは，女性が社会進出することによる非婚化，晩婚化，出産の高齢化などが原因だというものである。しかし，本当にそのことが原因なのだろうか。

　先進国のデータでは，合計特殊出生率と女性の労働力率は概ね比例関係になっている。つまり，先進国では女性の社会進出が進んでいる国ほど，出生率も高くなっているのである。これは，仕事と育児の両立が難しい社会であれば，仕事と育児の二者択一が迫られるために労働力率も出生率も低くなり，両立が可能な社会であれば，一人の女性が両方を選べるので労働力率も出生率も高くなるためと解釈されている。

　このデータが日本にそのまま当てはまるのかは不明であるが，女性の社会進出と，安心して子どもを産み育てられる施策が求められている。

（3）高齢化への対策

　平均寿命が延び，高齢期後の生活年数も長くなった。年金暮らしや貯金，アルバイトやパートで生計を立てている高齢者，また病気や老化で働くことも難しく，日々の生活が困窮している高齢者もいる。「老々介護」「認々介護」といわれる高齢者世帯の問題も顕在化している。また，家族形態の変化に伴って「独居老人」が増加し，「孤独死」といった悲惨な事例が後を絶たない。

　その対策として，高齢者の就労促進，人生100年時代を見据えた経済社会システムづくり，高齢者医療制度の確立，認知症高齢者支援施策の推進，住居の安定確保，また交通安全確保等の施策を推進し，定年年齢の延長や，高年齢求職者への雇用先確保を推進するなどの改革を行っている。

　介護需要はますます増大し，介護保険制度でのサービス供給量も比例して増加，保険制度を維持するための財源の確保が課題となっている。そのため，2024（令和６）年４月施行の改正「介護保険法」では，保険料の負担をはじめ，さまざまな角度から制度を維持するための対策が盛り込まれている。

　厚生労働省では団塊の世代が75歳以上となる2025（令和７）年を目途に，要

介護状態となっても住み慣れた地域で人生の最後まで生活ができるよう，住まい・医療・介護・予防・生活支援が一体的に提供される「地域包括ケアシステム」の構築を実現するとしている。しかし，大都市部と町村部等では，高齢化の進展状況に大きな地域差があり，この構想は市町村や都道府県が，地域の主体性に基づき，地域の特性に応じてつくり上げていくことが必要である。

3．在宅福祉・地域福祉の推進と「地域共生社会」実現への課題

（1）施設福祉からの転換と在宅福祉・地域福祉の現状

　現在は，ノーマライゼーション理念と浸透とともに，住み慣れた地域で当たり前の生活を送るという，個々のニーズに基づいた福祉施策の推進を基本としている。しかし，これまでわが国の基本施策は，救貧対策を端緒とし，その過程で施設を中心としたいわゆる「箱もの福祉」を展開してきた。

　「戦後50年」といわれ始めた1980年代，90年代には，国連での「国際障害者年（1981（昭和56）年）」，「児童の権利に関する条約（1989（平成元）年）」が採択され，人権意識が飛躍的に高まり，これらを背景にわが国の社会福祉施策も施設福祉から在宅福祉，地域福祉へと，大きく転換していくことになった。また1973（昭和48）年のオイルショックにより，経済情勢が悪化，福祉財政の見直しが迫られた。核家族化や生活環境の変化，地域での互助機能の低下，高齢化社会の兆しが見え始め，このままの施策では対応できないことがあきらかになってきた頃でもあった。これらの状況を背景に，わが国では施設を中心に展開してきた福祉施策を大転換し，在宅で福祉サービスを提供する施策を拡充するとともに，地域での互助機能を再構築する施策へと舵を切った。

（2）在宅福祉・地域福祉を推進するための方法論

　在宅福祉・地域福祉を推進していくためには，地域の中での支え合い，助け合い，また個人が自ら問題解決に取り組む姿勢の醸成が求められる。助け合い・支え合い（自助・互助・共助・公助）のそれぞれが結びつき，地域で暮らす人たちの「安全・安心」な生活の基盤となることが必要である。

　阪神・淡路大震災（1995（平成７）年）で，全国から多数のボランティアが参集し，「ボランティア元年」といわれた。その後の東日本大震災（2011（平成23）年）をはじめ，近年は多くの自然災害に見舞われ，ボランティア活動はさらに定着した。この活動により，共助意識が国民に浸透してきたといえるが，これらはあくまでも公助による支援等を補完するものである。

　災害時の不安，老後の介護不安，障害や健康上による生活不安等，これらを自助で解決することは困難である。個々の備え（自助）は重要だが，それらを準備するための公的な支援（公助），自治会や地域活動を行う団体，組織等と協働しながら必要な支援を行い（共助），近隣家庭との関係の構築（互助）を，公的な制度（公助）で推進できるシステムをつくることが必要である。

（3）「地域共生社会」実現のための社会福祉充実社会の再構築

　わが国は元来，相互扶助による支え合いの機能が存在していたが，社会構造の変化などによりその基盤が弱まっている。厚生労働省が提唱する「地域共生社会」の構築には，これらの社会基盤の再生，再構築が必須である。公的な制度の制定など，フォーマルサービスの整備は進んでいるものの，地域での多様な福祉課題までは網羅できておらず，これらの課題は地域格差も大きい。

　ボランティア活動をはじめとしたさまざまなインフォーマルの活動も，顕在化している課題には有効活用されているが，福祉課題は個人，家族，また地域に潜在化しており，また対応策も多種多様である。それらを解決する方法は，わが国の社会的構造の再構築であり，福祉の分野だけに焦点を当てるのではなく，経済産業のあり方，働き方（ワーク・ライフ・バランス），教育のあり方，文化の継承・創造等，あらゆる分野で総合的に取り組み，わが国の将来を見据えた社会福祉国家像を再構築していくことである。

（4）「地域共生社会」実現に向けた今後の展望

　戦後の福祉三法から始まったわが国の福祉施策は，あらゆる分野を網羅しながら現在に至っている。しかし，近年クローズアップされてきた「ヤングケアラー」の問題，増加の一途をたどる「虐待」問題，要介護高齢者の増加による

介護費用財源の問題，福祉人材確保の問題，人口減少による社会保障制度の維持，継続に対する不安，格差社会の進展による貧困問題。こうした中，今後わが国が目指すべき社会福祉制度とは，どのようなものだろうか。

　厚生労働省は「地域共生社会」の実現をコンセプトとして掲げ，その地域共生社会とは，「制度・分野ごとの「縦割り」や「支え手」「受け手」という関係を超えて，地域住民や地域の多様な主体が参画し，人と人，人と資源が世代や分野を超えて「丸ごと」つながることで，住民一人ひとりの暮らしと生きがい，地域をともに創っていく社会」としている。そして改革の骨格として，①地域課題の解決力の強化，②地域丸ごとのつながりの強化，③地域を基盤とする包括的支援の強化，④専門人材の機能強化・最大活用，といった柱を示している。それぞれの地域の特性を活かした，さまざまな取り組み事例を参照にこれらを推進していくこととし，また人と人，人と社会がつながり支え合う取り組みが生まれやすいような環境を整える新たなアプローチが求められる，としている。

　「地域共生社会」を実現していくには，これまでの給付型福祉，また施設の整備を際限なく行うなどといった，資金面では限界がある方法ではなく，基幹的な社会保障制度を堅持しながらも，地域福祉を推進していくための具体策が必要である。

　そのためには住民，団体，事業所，自治会，行政などが相互に連携することが不可欠であり，社会福祉協議会や地域包括支援センター，民生委員・児童委員，各相談員等が地域でのけん引役を担い，これまでわが国の福祉を担ってきた社会福祉法人の機能を活用し，それらに企業やNPO，ボランティア等，住民すべてを巻き込んだ体制づくりを実現することが求められる。限りある資金を適正分配し，地域福祉推進のシステム化，見える化を行い，独居高齢者，障害者，生活困窮者等，支援を必要としている人たちを取りこぼさない地域のネットワークを形成して社会全体で全国民の福祉を網羅する仕組みを構築し，「人と人とのつながりそのものがセーフティネット」の機能をつくることが目指されている。

4．諸外国の動向

　日本では，社会福祉のサービスが法的に提供されており，また，NPO法人や地域ボランティア活動などの自主的なサービスの提供もなされている。社会福祉の概念は，日本だけでなく，他国でも歴史が深く，国際化が進む中で，諸外国の社会福祉制度の現状を理解することは非常に重要である。ここでは，アメリカ，スウェーデン，ドイツ，韓国の社会福祉について，主に医療保障制度と児童福祉施策に焦点を当てて概観する（第2章参照）。

（1）アメリカの社会福祉

　政府は原則として個人の生活に干渉しないという自己責任の精神と，連邦制で州の権限が強いことが，社会保障制度のあり方にも大きな影響を及ぼしている。代表的な社会保障制度としては，大部分の有業者に適用される老齢・遺族・障害保険，高齢者等の医療を保障する公的医療保障制度であるメディケア（Medicare）と低所得者に医療扶助を行うメディケイド（Medicaid）や補足的所得保障（SSI:Supplement Security Income），貧困家庭一時扶助（TANF：Temporary Assistance for Needy Families）等の公的扶助制度がある。

1）医療保障制度

　アメリカの公的医療保障制度は，高齢者や障害者を対象に行うメディケア（Medicare）と低所得者を対象に行うメディケイド（Medicaid）のみである。公的医療保障以外の保障には，補足的所得保障や貧困家庭一時扶助のTANF（Temporary Assistance for Needy Families）など公的扶助制度がある。

　公的医療保険はメディケアとメディケイドに限定されており，その対象も限定されている。そのため，国民は民間の医療保険に加入している場合が多い。民間の保険は，保険料が高額な場合や，所得が低い者や失業者，障害のある者など加入希望者の状態によって加入できない場合も多く，医療保険未加入者の増加が課題となっている。このため，2010年に「医療保険改革法」を制定し，加入条件の緩和と助成を行い，市民に民間保険加入を義務づけている。

2）高齢者福祉施策

日本のような公的な介護保障制度はなく，デイケアでカバーされる一部の医療的な介護サービス（Skilled Nursing Homes等）が利用可能であるが，介護費用を自己負担ができなくなった場合に初めて，メディケイドでカバーすることになる。食事の宅配や入浴介助等の介護サービスは，米国高齢者法（Older Americans Act）によって，一定のサービスに対する連邦政府等の補助が定められているが，この予算規模はきわめて小さい。そのため，高齢者介護サービスは，民間部門（特に営利企業）の果たしている役割が大きいのが特徴で，施設サービスに偏りがちになっていることや個々のサービスが有機的に統合されていないことなどが課題となっている。

3）児童福祉施策

アメリカの児童福祉施策は，児童を養育する低所得家庭を対象とした貧困家庭への一時扶助や里親，養子縁組および児童の自立支援の提供，児童虐待対策，保育施策，発達障害児童対策などの提供をはじめ，多くの分野で対策が行われているが，日本のように全国統一の保育制度は整っておらず，州政府が独自に施設基準や職員基準を定めている。また，子どもを養育する全家庭を対象とした児童手当制度は実施していない。

（2）スウェーデンの社会福祉

1）社会福祉サービスの特徴

スウェーデンの社会福祉サービスは，すべての国民を対象として提供されており，その費用は，実質的にすべてが公費でまかなわれている。そのため，国民の税負担も世界的に高い水準となっている。これは「スウェーデン・モデル」といわれ，「高負担・高福祉」を実施している。

1992年1月に「エーデル改革」が導入され，医療と生活対策を分け，保健・医療サービスはランスティング（landsting：日本における都道府県に相当する）の責任で実施され，高齢者・児童・家族・障害者の福祉サービスは，コミューン（commune：日本おける市町村に相当する）が供給主体となっている。

福祉サービスは，高齢者福祉サービスを中心として「収容保護の全廃」を国

策として決定し，入所施設を解体し，グループホームやナーシングホームに移行されている。また，児童保護施設や肢体不自由者や知的障害者施設においても同様にグループホームなどへ移行している。

スウェーデンの社会福祉は2つに大別され，1つは「高齢者・障害者に対するケア」で，「社会サービス法」「保健医療法」および「特定の機能的障害者に対する援助及びサービスに関する法律（LSS法）」に基づくケア（福祉）サービスである。もう1つは，さまざまな理由により支援・保護などを必要とする人たちに向けた「個人・家族に対するサービス」であり，児童，家族，アルコール・薬物中毒者などへの助言，支援，ケア，治療，経済的支援（社会扶助）などの他，虐待の被害者のケアなど本人の同意なく強制的に実施されるものも含まれる。

2）児童福祉施策

保育（育児）サービスは1990年代後半の改革により，社会福祉ではなく教育政策の一環に位置づけられ，制度の所管も社会省から教育研究省に移管された。実施主体はコミューンで，費用は公費（税財源）と利用者負担によりまかなわれている。1～6歳児（就学前）を対象とする保育所（プレスクール）と就学している児童を対象とする放課後保育所（レジャータイム・センター），両者（1～12歳児）を対象とする家庭保育（教育的保育）がある。5～6歳児には義務教育の準備段階として就学前学級（プレスクール・クラス）制度が設けられている。2018年現在，1～5歳児の84.8％が保育所，1.7％が家庭保育（教育的保育）を，6～9歳児の83.8％が放課後保育所，0.2％が家庭保育（教育的保育）を，10～12歳児の20.3％が放課後保育所を利用している。

保育サービスはコミューンが直接提供する場合が一般的であるが，2018年現在，保育所の児童の約20％（1994年には約12％），放課後保育所の児童の約12％（1994年には約4％）が，親などの共同運営や民間企業の設立した施設を利用しており，保育サービスの民営化が徐々に進展している。

2011年6月に，教育法の改正や教育内容の見直し等が行われ，保育所は学校の一形態とされ，教育目標の明確化や評価・改善の実施，校長の設置，保育士（教師）の登録制の導入，保育士教育の充実，監査機能の強化等，教育政策の

観点から質の向上を図る改革が実施された。

　家庭施策として，児童手当，両親保険と呼ばれる育児休業制度があげられる。児童手当の制度では，原則16歳になるまでの子どもをもつ親が手当を受け取ることができる。両親保険は，1974年に導入された育児休業の収入補塡制度で，両親合わせ育児休業を最大で480日の取得が可能であり，そのうち390日間は，給与の80％，残りの90日間は最低保障額が支給される。この制度によりスウェーデンでは，男性の積極的な育児休業取得率が増加傾向にある。児童福祉施策では，保育サービスをコミューンが原則税収入から提供している。

（3）ドイツの社会福祉

　ドイツの社会保障制度は，年金保険，医療保険および介護保険，児童手当，社会扶助等が制度化されている。社会保険制度は被用者保険として創設されたこと，カバーすべきリスクに応じて分立していること，当事者自治の原則に従って組織された独立した運営主体によって実施されていること，財政の大部分が税ではなく保険料によることなどが特徴である。まず，社会保険で国民のリスクに対応し，それでも対応できない場合に初めて社会福祉の対象となる。社会福祉サービスの内容は，日本のように統一的に法律で定めず，実施主体により異なる。民間サービスが福祉サービスに占める役割が大きい。

1）医療保険制度

　ドイツの医療保険制度は，連邦保健省（BMG）が所管し，地区，企業などを単位として設置される疾病金庫（公法人）を保険者としている。原則として公的医療保険または民間医療保険に加入することとされ（一般的加入義務），収入が一定限度以下の者は，公的医療保険に加入する義務がある。公的医療保険の医療給付，予防給付，医学的リハビリテーション給付，在宅看護給付等があり，現物給付が原則となっているが，現金給付として傷病手当金がある。

2）児童家庭施策

　児童家庭施策は連邦家族・高齢者・女性・青少年省（BMFSFJ）が所掌しており，各州および市単位で実施されている。母性手当，児童手当，児童控除，児童加算などがある。子どものいる家庭といない家庭間の負担調整を行うため

に，子どものいる家庭は児童手当（原則として給与に対する所得税の源泉徴収額から税額控除される方法で支給）または児童控除を受けることができる。

児童手当は，原則として所得の多寡にかかわらず，18歳未満（教育期間中の子どもについては25歳未満，失業中の子どもについては21歳未満，25歳到達前に障害を負ったことにより就労困難になった子どもについては無期限）のすべての子どもを対象に支払われる。低所得の親に対しては，子どもの貧困を防ぐために児童手当に一定額が加算されて支給される。

ドイツでは，児童（原則として満14歳未満の子ども）のためのサービスとして，「昼間施設」と「児童昼間保育」の2種類がある。

「昼間施設」とは，児童が1日の一部または全部の間滞在して集団で助成を受ける施設であり，多くの州法は，児童昼間施設として「保育所」「幼稚園」「学童保育」を定めている。「児童昼間保育」は，「適性」のある昼間保育者がその自宅または児童の監護権者の自宅において行う保育活動である。就学前児童のための家庭外通所施設はすべて，児童福祉施設として法的に位置づけられ，義務教育開始以降の教育施設とは分けられており，就学前教育・保育は，教育的要素を加えた，児童のための福祉施設・福祉サービスであるということができる。児童のための昼間施設の財政は，州ごとに定められている。

（4）韓国の社会福祉

1）医療保障制度

韓国は，人口の高齢化に伴い，社会保障制度の改革が盛んである。社会保障施策には，国民年金，健康保険，雇用保険，産業災害保険などがある。

韓国の医療保険は国民皆保険制度となっており，国民健康保険公団が運営している。また，低所得者に対しては，国民基礎生活保障制度（公的扶助制度）による医療扶助がある。医療に対する自己負担は，入院の場合はすべての医療機関でかかった費用のうち自己負担率が20％であるが，それ以外については，医療サービスを提供する医療施設の施設規模等により，診察費の自己負担率が30～60％と異なる。

2）児童福祉施策

児童福祉施策としては，児童の養育への国の責任を強化するため「児童手当法」が制定され，経済的水準と関係なく満7歳未満のすべての児童を支給対象として児童手当が支給されている。

親による養育が困難な要保護児童を健全な社会人に育成するために，児童福祉施設やグループホーム，家庭委託等を行い，児童の保護を行っている。

低所得階層の児童に対する貧困の連鎖を防止し，公平な養育機会を提供するための自立資金援助として「児童福祉統合サービス」（ドリームスタート）」を実施している。施設児童や子どものみの世帯の児童が貯蓄すれば，政府が毎月それと同額の金額を支援し，18歳以降に自立資金として使用できる児童発達支援口座（CDA：Child Development Account）も拡大している。

韓国の保育施設は，オリニチプと呼ばれ，国，公立，企業，民間，個人が運営するものや共同育児運動から設立された施設がある。オリニチプは，満2歳児からは別料金を支払ってさまざまな教育プログラムを選択することができるようになっていて，日本の保育所のように「保育を必要とする子どもを預ける施設」ではなく，母親が専業主婦の場合でも（共働きでなくても）空きさえあれば入所できる。韓国では保育を家庭で行うという伝統的な風潮があったが，急速な産業化や女性の社会進出に伴い，オリニチプは増加傾向にある。

■参考文献

・厚生労働省編：厚生労働白書，各年版
・内閣府編：平成30年版　少子化社会対策白書，各年版
・内閣府編：高齢社会白書，各年版
・宇佐見耕一他編：世界の社会福祉年鑑2021，旬報社，2021
・厚生労働省編：海外情勢報告，厚生労働省，2019〜2021
・高島昌二：スウェーデン社会福祉入門，晃洋書房，2007
・韓国社会科学研究所社会福祉研究室編著：韓国の社会福祉，新幹社，2002
・仲村優一，一番ヶ瀬康子編：世界の社会福祉—ドイツ・オランダ，旬報社，1999

■ 索 引 ■

194

執筆者一覧

〔編著者〕　　　　　　　　　　　　　　　　　　　　　　　　　（執筆分担）

小野澤　昇（おのざわ のぼる）　育英大学名誉教授　　　　　　第1章，第3章，
　　　　　　　　　　　　　　　　　　　　　　　　　　　　　第12章4．

島田　肇（しまだ はじめ）　東海学園大学スポーツ健康科学部教授　第8章

〔著　者〕（執筆順）

遠田　康人（とおだ やすひと）　成田国際福祉専門学校専任講師　　第2章

髙橋　雅人（たかはし まさと）　湘北短期大学准教授　　　　　　第4章

市川　太郎（いちかわ たろう）　NPO法人リービングケア草の根会理事長　第5章

坪井　真（つぼい まこと）　作新学院大学女子短期大学部教授　　第6章

矢野　洋子（やの ようこ）　豊岡短期大学教授　　　　　　　　第7章

藤野　好美（ふじの よしみ）　埼玉学園大学人間学部准教授　　　第9章

大屋　陽祐（おおや ようすけ）　育英短期大学准教授　　　　　　第10章

吉野　真弓（よしの まゆみ）　育英短期大学准教授　　　　　　　第11章

五十嵐　覚（いがらし さとる）　共愛学園前橋国際大学短期大学部　非常勤講師　第12章1．〜3．

三訂 はじめて学ぶ **社会福祉**

2014年（平成26年） 3月25日	初版発行〜第4刷
2016年（平成28年）11月10日	第2版発行〜第2刷
2020年（令和2年） 4月1日	改訂版発行〜第2刷
2022年（令和4年） 5月20日	改訂第2版発行〜第2刷
2024年（令和6年） 5月31日	三訂版発行

編著者　　小 野 澤　　昇
　　　　　島　田　　　肇
発行者　　筑 紫 和 男
発行所　　株式会社 建 帛 社
　　　　　　　　　KENPAKUSHA

〒112-0011　東京都文京区千石4丁目2番15号
TEL （03）3944-2611
FAX （03）3946-4377
https://www.kenpakusya.co.jp/

ISBN 978-4-7679-5151-5　C3036　　　　　信毎書籍印刷／田部井手帳
Ⓒ小野澤昇，島田肇ほか，2014，2020，2024.　　Printed in Japan
（定価はカバーに表示してあります）